공리주의 입문

Utilitarianism: A Very Short Introduction, First edition

Copyright © Katarzyna de Lazari-Radek and Peter Singer 2017
Korean Translation Copyright © 2019 by Ulyuck Publishing House
All rights reserved.
First edition was originally published in English in 2017
Korea translation rights arranged with Oxford University Press
through EYA(Eric Yang Agency).

이 책의 한국어판 저작권은 에릭양 에이전시를 통해 Oxford University Press 사와
독점 계약한 도서출판 울력에 있습니다. 저작권법에 의해 한국 내에서 보호를 받는 저작물이므로
무단 전재와 무단 복제를 금합니다.

|동준철학문고

공리주의 입문

카타르지나 드 라자리-라덱 · 피터 싱어 지음

류지한 옮김

울력

공리주의 입문

지은이 | 카타르지나 드 라자리-라덱, 피터 싱어
옮긴이 | 류지한
펴낸이 | 강동호
펴낸곳 | 도서출판 울력
1판 1쇄 | 2019년 4월 20일
1판 2쇄 | 2020년 5월 20일
등록번호 | 제25100-2002-000004호(2002. 12. 3)
주소 | 서울시 구로구 경인로35길 129, 4층(고척동)
전화 | 02-2614-4054
팩스 | 0502-500-4055
E-mail | ulyuck@hanmail.net
정가 | 15,000원

ISBN | 979-11-85136-49-3 03160

이 도서의 국립중앙도서관 출판예정도서목록(CIP)은 서지정보유통지원시스템 홈페이지(http://seoji.nl.go.kr)와 국가자료종합목록시스템(http://www.nl.go.kr/kolisnet)에서 이용하실 수 있습니다. (CIP제어번호 : CIP2019012762)

· 잘못된 책은 바꾸어 드립니다.
· 옮긴이와 협의하여 인지는 생략합니다.

데릭 파핏을 추모하며

차례

머리말 _ 9
감사의 말 _ 15

1장: 기원 _ 19
고대의 선구자들 _ 19 • 초기의 공리주의자들 _ 22 • 창시자: 벤담 _ 23
옹호자: 존 스튜어트 밀 _ 28 • 강단 철학자: 헨리 시지윅 _ 34

2장: 정당화 _ 41
공리주의 원리에 대한 벤담의 정당화 _ 41 • 밀의 증명 _ 46 • 시지윅의 증명 _ 51
하사니: 무지의 조건 하에서 합리적 선택 논증 _ 57
스마트: 태도와 감정에의 호소 _ 59 • 헤어의 보편적 규정주의 _ 62
그린: 반대 원리의 오류 폭로를 통한 공리주의 옹호 논증 _ 66

3장: 우리는 무엇을 극대화해야 하는가? _ 83
고전적 견해 _ 83 • 경험 기계 _ 87 • 선호 공리주의 _ 89
다원주의적 결과주의 _ 100 • 유정적 존재와 무관한 가치 _ 107
본래적 가치: 지금까지의 논의 _ 109
쾌락이란 무엇인가? _ 114

4장: 반론 _ 119
공리주의는 우리에게 비도덕적 행위를 하라고 말하는가? _ 119
공리의 측정 _ 128 • 공리주의는 너무 과도한 요구를 하는가? _ 135
공리주의는 우리의 특별한 의무를 무시하는가? _ 142
'인격의 개별성' 무시 _ 146 • 공리의 분배 _ 150

5장: 규칙 _ 157
두 종류의 공리주의 _ 157 • 시한폭탄 _ 162 • 비밀 도덕 _ 165
공리주의는 자기 부정적인가? _ 167

6장: 공리주의의 실천 _ 173
공리주의의 적용 _ 173 • 삶을 끝내는 결정 _ 177 • 윤리학과 동물 _ 182
효과적 이타주의 _ 189 • 인구 문제 _ 196 • 국민 총 행복 _ 200

더 읽을거리와 주석의 출처 _ 205
옮긴이의 말 _ 231
찾아보기 _ 237

삽화 목록

1. 제레미 벤담, 현대 공리주의의 창시자_ 25
   Chronicle/Alamy Stock Photo

2. 존 스튜어트 밀과 헤리엇 테일러 밀_ 31
   Pictorial Press Ltd/Alamy Stock Photo

3. 헨리 시지윅, '윤리학에 관한 책 가운데 최고의 책'의 저자_ 37
   Wikimedia Commons/Public Domain

4. 공리의 원리에 대한 벤담의 정당화: 간략 흐름도_ 44-45

5. 트롤리 문제: 스위치 사례_ 68
   Diagram Courtesy of Joshua D. Greene

6. 트롤리 문제: 육교 사례_ 68
   Diagram courtesy of Joshua D. Greene

7. 트롤리 문제: 환상선 사례_ 70
   Diagram courtesy of Joshua D. Greene

8. 트롤리 문제: 원거리 육교 사례_ 73
   Diagram courtesy of Joshua D. Greene

9. 쾌락주의가 주장하는 유일한 본래적 가치의 한 예_ 87
   Photo courtesy of Piotr Makuch

10. 고통과 행복의 대칭관_ 175

11. 고통과 행복의 비대칭관_ 175

12. 글로리아 테일러, 그녀의 재판은 모든 캐나다인들에게 죽어가면서 의사의 조력을 받을 권리를 가져다 주었다_ 177
    Canadian Press/REX/Shutterstock

13. 공장식 축산으로 사육되는 돼지들은 작은 공간에 갇혀서 전 생애를 보낸다_ 185
    Photo: ⓒ Farm Sanctuary

머리말

왜 법은 모든 감각 있는 존재에 대한 보호를 거부하는가? 인류가 자신의 책임을 숨 쉬는 모든 것들로 확대할 때가 올 것이다. 우리는 이미 노예들의 여건에 주의를 기울이기 시작했다. 우리는 우리의 일을 돕고 우리가 원하는 것들을 공급하는 모든 동물들의 여건을 완화하는 것으로 끝낼 것이다.

제레미 벤담, 『형법의 원리』

취향에 대한 혐오는 아무리 강하다고 해도 허용되어야 하지만, 한 사람을 파멸시키기 위해서는 그의 취향에 대한 단순한 혐오 그 이상의 더 좋은 이유들이 반드시 있어야만 한다.

제레미 벤담, 동성애 기소 반대 논변

… 양성 간의 현존하는 사회적 관계 — 한 성의 다른 성에 대한 법적인 종속 — 를 규제하는 원리는 그 자체로 그른 것이고, 인간의 발전을 가로막는 주요한 장애물 가운데 하나이다. … 그것은 어느 한쪽에 권력이나 특권을 부여하지도 않고 다른 쪽에 무

능력을 부과하지도 않는 완전한 평등의 원리에 의해서 대체되어야 한다. …

어떤 조건 하에서 그리고 어떤 한계 안에서 남성들이 투표권을 인정받았건 간에 동일한 조건 하에 있는 여성들에게 투표권을 인정하지 않는 것이 정당화될 여지는 추호도 없다.

존 스튜어트 밀, 『여성의 예속』

공리주의의 한 가지 중요한 특징은 그것의 이론적 토대를 발전시키는 데 머무르지 않고 행복을 증진하고 고통을 완화하는 실천적 변화를 추구한다는 점이다. 그들은 대다수 사람들이 인간 존재의 자연스럽고 불가피한 조건이라고 받아들이는 실천 관행들을 비판했다. 이런 도전들은 놀라운 성공을 거두었다.

벤담은 동물 학대를 금지하는 법률이 존재하지 않던 시절에 동물의 권리를 옹호하였다. 그리고 밀이 벤담의 선례를 뒤따랐다. 오늘날 거의 모든 사회는 그러한 법률을 가지고 있다. 벤담은 또한 죄수들의 열악한 여건을 개혁할 것을 주장하였으며, 더 좋은 빈민 구제 체계의 위대한 주창자였다. 공리주의자들은 투표권 확대를 지지하였으며, 재산 소유의 엄격한 조건을 폐지하고 재산 소유를 여성에게 확대할 것을 주장하였다. 그들은 결혼한 여성들에게 재산을 허용하고 여성의 대학

입학을 허락하는 등 여성의 권리를 인정하는 캠페인을 이끌었다. 이 모든 삶의 영역에서 우리는 공리주의자들이 추구했던 노선을 따라서 우리의 태도와 실천 관행들을 변화시켜 왔다. 밀은 사상과 표현의 자유에 대한 강력한 지지자였으며, 국가는 개인들이 다른 사람들에게 해를 끼치지 않는 한 자기 스스로 삶의 방식을 선택하도록 허용해야 한다고 촉구하였다. 벤담은 동성애 행위를 범죄시하는 법률에 반대하였는데, 이것은 그의 시대를 훨씬 앞선 것이었다. 우리가 이 책의 6장에서 살펴보겠지만 공리주의의 개혁 정신은 오늘날의 공리주의자들 사이에서도 계속 이어지고 있다.

그러나 공리주의에 대한 반대자들도 결코 적지 않았다. 마르크스(Karl Marx)는 벤담을 '부르주아의 어리석음을 보여 주는 방식에서 천재'라고 조롱했고, 니체(Friedrich Nietzsche)는 공리주의 — 기독교와 더불어 — 를 경멸적으로 '겁쟁이와 소심한 사람들과 열등한 사람들을 위한 노예 도덕'이라고 불렀다. 소설가들 중에도 표도르 도스토예프스키, 찰스 디킨스, 엘리자베스 개스켈, 올더스 헉슬리 등이 자신들의 소설에 공리주의에 반대하는 내용을 포함시켰다. 최근의 영국 철학자인 버나드 윌리엄스는 공리주의에 대한 오랜 공격 후에 '우리가 공리주의에 관해서 더 이상 듣지 않게 될 날이 그리 멀지 않았다'라고 논평했다. 그러나 윌리엄스가 그런 논평을 한 지 이미 40년 이상이 흘렀지만, 우리는 여전히 계속해서 공리주의에 관한 많은 것들을 듣고 있다. 공리주의에 대한 많은 비판에도 불구하고, 공리주의는 계속해서 실천적 영향을 행사하고 있고, 그것의 장점에 대한 지속적이고 생생한 논쟁의 와중에 있다. 우리가 생각하기에 그러한 비판들을 넘어서 공리주의가 오래 지속되는 데는 그럴 만한 좋은 이유가 있다. 윤리학의 근본적 물음은 '나는 무엇을 해야 하는가?'이며, 정치철학의 근본적 물음은 '하나의 사회로서 우리는 무엇을 해야 하는가?'이다. 이 두 물음에 대하여 공리주의는 간단하게 대답한다. 그 대답은 이렇다. 해야 할 옳은 것은 최선의 결과를 낳는 것이다. 여기서 '최선의 결과'는 우리의 선택에 의해서 영향 받는 당사자들 모두에 대해서 고통을 제하고 남은 행복에 있어서 가능한 한 최대의 순 행복의 증가를 의미한다. 이 대답은 모든 가능한 상황들을 포괄한다. 적어도 원칙적으로는 그렇다. 그리고 그것은 우리들 대부분이 동의하고 목표로 삼아 추구할 가치가 있는 어떤 것을 지향한다. 어쩌면 그것이 공리주의가 그것을 믿지 않는 사람들에게조차도 계속 머리에서 떠나지 않고 문제로 남아 있는 놀라운 습성을 지니게 된 이유일지 모른다. 반공리주의 철학자 필리파 푸트가 언젠가 지적한 대로 '공리주의가 그르다고 우리가 아무리 주장을 해도, 우리는 공리주의가 확실히 옳다는 느낌을 영원히 가지고 있는 듯하다.'

우리가 방금 제시한 공리주의에 대한 진술은 약간 넓게 진술된 것이다. 그 이유는 가능한 최선의 삶이 고통을 제하고 남은 최대로 행복한 삶이라는 것을 모든 사람이 받아들이는 것은 아니기 때문이다. 우리는 이 주제와 관련된 다양한 견해들에 대해서 나중에 논의할 것이다. 지금은 '최선의 결과'를 단순하게 행복의 견지에서가 아니라 가능한 최대 순 복지(well-being) 증가의 견지에서 분석함으로써 앞 단락에 있는 진술을 수정하는 것으로 충분하다. 여기서 복지는 그것을 무엇으로 이해하건 행복은 아니다. 그러므로 공리주의는 결과주의 이론이라는 더 큰 가족 집단에 속하는 하나의 이론 내지, 더 정확하게는 일단의 이론들이다. 이 더 큰 가족 안에는 비공리주의 이론들도 포함되는데, 그것들은 '최선의 결과'에 대한 이해를 복지를 위한 결과에 한정하지 않는다.

공리주의는 도덕적 사유의 경계를 탐색하도록 우리를 밀어붙인다. 그래서 그것은 우리로 하여금 종종 우리의 관심 밖에 놓여 있는 존재들의 이해관계를 고려하도록 만든다. 이런 사유 방식이 간혹 논쟁을 유발하는 것은 놀랄 일이 아니다. 우리는 이 책이 여러분에게 공리주의에 대한 더 나은 이해를 제공하기를 바란다. 이를 위해서 이 책은 공리주의가 어떻게 정당화될 수 있는지, 그것이 본래적으로 가치 있다고 생각하는 것은 무엇인지, 공리주의에 대한 가장 일반적인 반론(과 그것들에 대한 최선의 대응)은 무엇이며, 규칙이 공리주의에서 하는 역할은 무엇인지, 그리고 공리주의가 오늘날의 실천적 쟁점들에 어떻게 적용되고 있는지 등에 관해서 논의할 것이다.

감사의 말

이 책은 옥스퍼드 대학교 출판부의 라사 메논의 요청으로 집필된 것이다. 그녀는 우리를 믿어 주고 이 책의 계획과 집필에서 우리를 안내해 주었다. 그녀에게 감사한다. 우리는 또한 이 책의 출판 전 과정을 살펴 준 옥스퍼드 대학교 출판부의 제니 누지와 SPi 글로벌에 근무하는 사라스와티 에티라주에게 감사한다. 그리고 이미지 작업에 도움을 준 캐리 히크먼과 교열을 해 준 에드윈 프리처드에게 감사한다. 그의 교열 덕분에 우리는 몇 가지 오류를 바로잡을 수 있었다.

우리는 특별히 원고를 읽고 가치 있는 논평을 해 준 리처드 예터 채펠, 로저 크리스프, 윌 매캐스킬에게 고마움을 표한다. 파라 다브히오왈라는 동성애에 관한 벤담의 인용문에 대한 정보를 제공해 주었고, 조슈아 그린은 우리가 2장에서 언급하고 있는 심리학 연구를 가지고 우리를 도와주었으며, 그 부분을 설명하는 데 사용되고 있는 네 가지 '트롤리 문제'의 도표를 제공해 주었다. 바트 슐츠는 자신의 『행복 철학자들(The

Happiness Philosophers)』의 원고를 우리에게 제공해 주었다. 그것은 우리가 이 책의 1장을 쓰는 데 아주 유용하였다. 피오트르 마쿠치는 친절하게도 3장에서 쾌락을 설명하는 데 그의 사진을 사용하도록 허락해 주었다.

카타르지나 드 라자리-라덱은 3장에서의 그녀의 연구를 재정적으로 지원해 준 폴란드 국립과학센터(NCN)에 감사한다 (DEC-2013/09/B/HS1/00691).

이 책의 작업을 마무리해 갈 무렵인 2017년 정초에 우리는 우리 시대의 가장 뛰어난 철학자인 데릭 파핏(Derek Parfit)의 갑작스러운 죽음에 관한 비보를 접하였다. 파핏은 우리들 각자가 알고 있는 한 최고 수준으로 진정한 철학의 정신을 구현하였다. 그는 가장 심오한 질문들을 이해하려는 열정과 다양한 분야에서 새롭고 설득력 있는 논증을 만들어 내는 귀한 재능을 결합하였다. 이 논증들 가운데 많은 것이 공리주의를, 또는 더 넓게는, 결과주의를 지지하고, 비결과주의적 입장들을 비판하는 것들이었다. 우리는 여러 곳에서 그것들 가운데 일부를 언급할 것이다.

파핏은 철학적 천재였을 뿐만 아니라, 아주 친절하고 부드러운 사람이었으며, 그는 자신의 놀라운 재능을 함께 나누는 데 있어서 매우 관대한 사람이었다. 그가 죽은 뒤 며칠 동안 많은 그의 동료들과 이전 제자들은 어떻게 그가 자신의 귀한 시간을 기꺼이 할애해서 그들의 연구나 저술에 대해 길게 논의하고 그들의 초고에 대해서 자세한 논평을 했는지에 관해서 회고하였다. 우리도 우리의 첫 번째 책인 『우주의 관점(The Point of View of the Universe)』을 쓰면서 그와의 논의와 논평으로부터 엄청난 도움을 받았다. 그러나 우리는 그에게 이 책의 초고를 검토해 달라고 요청하지 못하였다. 왜냐하면 우리는 그가 자신의 대표작인 『중요한 것에 관하여(On What Matters)』 제3권을 완성하기 위하여 아주 열심히 작업하는 중이라는 것을 알고 있었기 때문이다. 다행히도 이 제3권은 그의 사망 당시에 이미 인쇄 중이었다. 특히 마지막 장은 공리주의와 관련된 많은 내용을 포함하고 있다. 실천윤리학과 더 직접적으로 관련 있는 주제들을 다루기로 기획된 제4권은 이제는 쓰일 수 없게 되었다. 그것은 철학에 큰 손실이자, 이 세계에도 큰 손실이다. 이 책에 포함된 쟁점들에 관한 미래의 논의들 역시 파핏의 죽음으로 인해서 더 빈곤해질 것이다. 개인적으로 우리는 이미 그를 몹시 그리워하고 있다. 그래서 우리는 이 책을 그에게 헌정하기로 했다.

일러두기

1. 이 책은 Katarzyna de Lazari-Radek과 Peter Singer가 쓴 *Utilitarianism: A Very Short Introduction* (Oxford University Press, 2017)을 텍스트로 하여 번역하였다.
2. 본문 중 [ ] 안에 있는 글은 옮긴이가 독자의 편의를 위해 덧붙인 부분이다. 그리고 본문 중의 각주는 모두 옮긴이의 것이다.
3. 이 책은 원서의 체제를 따랐으며, 저자가 이탤릭체로 강조한 것은 중고딕 서체로 표기하였다.
4. 이 책에서는 띄어 쓰는 것을 원칙으로 하였으나, 국립국어원 표준국어대사전에 수록된 어휘는 붙여 썼다.

1장:
기원

고대의 선구자들

공리주의의 핵심 사상은 우리가 할 수 있는 한 이 세상을 최선의 곳으로 만들어야 한다는 것이다. 이것은 우리가 힘이 닿는 한에서 모든 개인들이 가능한 최고 수준의 행복한 삶(복지, well-being)[1]을 누리는 세상을 만들어야 한다는 것을 의미

---

1. 'well-being'은 우리말로 보통 '행복'이나 '복지'로 옮긴다. 그런데 'well-being'을 '행복'으로 옮길 경우에는 행복을 의미하는 다른 영어 단어인 'happiness'와 혼동을 초래할 위험이 있다. 'well-being'과 'happiness'가 의미의 구분 없이 사용되는 경우에는 두 단어를 모두 '행복'으로 옮기는 것이 적절할 것이다. 그러나 이 책에서 저자들은 'well-being'과 'happiness'의 의미를 구분해서 사용하고 있다. 그래서 이 번역서에도 'well-being'과 'happiness'의 의미를 구분하여 각각 달리 번역하였다. 벤담과 밀 이래로 공리주의적 전통 내에서 'happiness'는 줄곧 '행복한 경험이나 심리 상태'를 의미하였다. 이 책의 저자들도 그런 전통을 따르고 있다. 그래서 역자 역시 'happiness'를 '행복' 또는 '행복감'으로 번역하였다. 이에 비해서 'well-being'은 낱말 뜻 그대로 '잘(well) 사는 것(being),' 즉 '좋은 삶'을 의미한다. 이런 의미 맥락을 살린다면 'well-being'은 '행복한 삶'으로 번역하는 것이 적절하다. 그러나 그럴 경우에 'happiness'의 번역어인 '행복'과 중복되는 면이 있어서 동의어로 오해될 여지가 있다. 그래서 역

한다. 이것은 아주 상식적인 것으로 들릴 수 있다. 그러나 이것은 종종 전통 도덕과 반대된다. 대부분의 공동체는 규칙 준수를 강조하는 도덕을 지니고 있으며, 그 규칙 준수의 결과가 세상을 더 좋게 만드는지 더 나쁘게 만드는지와 무관하게 규칙들을 준수해야 한다고 주장한다. 행위를 할 때마다 어떤 대안이 최선의 결과를 낳는지를 계산하는 것보다는 규칙을 따르는 것이 훨씬 더 쉽다. 그럼에도 불구하고 공리주의의 핵심 통찰은 너무나 단순하고 매력적이다. 그래서 다양한 시대와 장소에서 많은 사상가들이 독립적으로 공리주의를 발전시켜 왔다.

공리주의와 유사한 사상을 주장한 것으로 기록에 남아 있는 최초의 인물은 기원전 490년에서 403년까지 살았던 전국시대의 중국 철학자인 묵자로 보인다. 그 당시의 지배적인 윤리는 유가였다. 유가는 윤리의 초점을 우리의 역할과 관계에 두었으며, 우리의 의무는 전통적인 관례에 의존한다고 보았다. 묵자는 오늘날 철학자들에게 친숙한 논증 방식을 사용해서 이러한 견해에 반대한다. 그는 반례로 사용될 만한 이야기를 들려준다. 묵자는 첫째 아들이 태어나면 잡아먹는 관례를

자는 'well-being'을 기본적으로 '행복한 삶'의 한자어 표현인 '복지(福祉)'로 번역하였다. 단지 혼란의 여지가 없는 경우에만 'well-being'을 '행복한 삶'으로 번역하고 (well-being)을 병기하였다. 더욱이 우리말에 '복지(福祉)'는 '행복한 삶'뿐만 아니라 '행복하게 살 수 있는 여건'을 의미한다는 점에서 의식 상태나 심리 상태로서의 행복(happiness)보다 행복한 삶의 객관적 여건을 중시하는 'well-being'의 번역어로 더 적합하다고 볼 수 있다: 옮긴이.

지닌 부족을 예로 든다. 그의 핵심 주장은 관례가 그 자체로 정당화되는 것은 아니라는 것이다. 우리는 관례를 평가할 기준을 필요로 한다. '그 관례가 해악보다 이익을 더 많이 낳는가?' 묵자는 이것이 그 기준이 되어야 한다고 주장한다. 뿐만 아니라 그에 의하면 해악을 평가할 때 우리는 우리 자신과 특별한 관계를 맺고 있는 사람들에게 끼치는 해악에만 초점을 맞추어서는 안 된다. 타인에 대한 우리의 관심은 보편적인 것이어야 한다. 묵자는 실천적인 사람이었다. 그는 당대에 널리 퍼져 있던 침략 전쟁을 비난하는 데 만족하지 않고 군사 공격을 억제하고자 하였다. 이를 위해서 그는 더 나은 방어 전략을 고안하였고 포위 공격에 견딜 수 있도록 도시의 성을 개선하였다.

묵자는 부처로 더 잘 알려진 인도 사상가 고타마(Gautama)와 거의 동시대를 살았다. 부처의 사상은 공리주의적 경향을 가진다. 왜냐하면 부처는 그의 추종자들에게 모든 유정적 존재(sentient being)에 대해 자비심을 가짐으로써 고통 ─ 자기 자신의 고통과 타인의 고통 ─ 을 줄이라고 가르쳤기 때문이다. 한 세기 후에 그리스에서 에피쿠로스는 쾌락과 고통이 선과 악의 기준이라고 주장하였다. 이것은 후대의 공리주의를 예기하는 것이었다.

초기의 공리주의자들

일반 선(general good)을 옳은 행위의 기준으로 삼아야 한다는 생각은 18세기 유럽에서 유행하였다. 이런 생각을 최초로 제안한 사람 가운데 하나는 피터버러의 주교인 컴벌랜드(Richard Cumberland, 1631-1718)였다. 그의 주요 저작인 『자연법에 관하여(De legibus naturae)』에서 그는 토머스 홉스(Thomas Hobbes)의 이기주의에 반대하면서 행동의 본성상 인간의 행복에 기여하지 않는 어떤 행동도 도덕적으로 선일 수 없다고 주장하였다. 샤프츠베리 경(Anthony Ashley Cooper, the third Earl of Shaftesbury, 1671-1713)의 주저인 『인간, 예절, 의견, 시대의 특성들(Characteristics of Men, Manners, Opinions, Times)』은 1711년에 출간된 이래로 매우 널리 읽혔다. 거기서 그는 최고 형태의 선은 보편적 선을 연구하여 우리의 힘이 닿는 한에서 전체 세계의 이익을 증진하는 것이라고 주장하였다. '최대 다수의 최대 행복'이라는 문구는 허치슨(Francis Hutcheson)이 1726년에 출간한 책 『미와 덕의 관념의 기원에 관한 탐구(An Inquiry into the Original of our Ideas of Beauty and Virtue)』에서 처음 등장하였다. 18세기 중반에는 동일한 문구를 스위스 태생의 프랑스 계몽철학자인 엘베시우스(Claude Adrian Helvetius)와 이탈리아 법률가인 베카리아(Cesare Beccaria)가 사용하였다. 벤담(Jeremy Bentham, 1748-1832)은 베카리아를 읽고 '최대 다수의 최대 행복'을 공리주의를 집약적으로 표현하는 구호로 사용하였다. 벤담은 또한 유니테리언교파의 목사인 프리스틀리(Joseph Priestley, 1733-1804)와 스코틀랜드 철학자인 흄 (David Hume, 1711-76)의 저술을 읽고 영향을 받았다. 흄은 자신의 저서인 『인성론(*Treatise of Human Nature*)』에서 어떤 것이 덕으로 간주되어야 하는지 여부는 그것의 공리(utility)에 의해서 결정된다고 주장하였다. 벤담은 이 구절을 읽자마자 '눈을 가리고 있던 비늘이 떨어지는 것 같았다'고 밝히고 있다.

공리주의의 발전에서 핵심적 역할을 한 것은 벤담이다. 그러나 공리주의적 견해를 처음으로 널리 알리게 만든 저작은 1785년에 출판된 페일리(William Paley)의 『도덕과 정치철학 (*Moral and Political Philosophy*)』이었다. 목사였던 페일리는 신은 우리가 모두의 행복을 증진하기를 원한다고 하면서 우리는 신의 의지에 복종해야 한다고 주장하였다. 세속적인 공리주의 저작 가운데서는 1793년에 출판된 고드윈(William Godwin)의 『정치적 정의에 관한 탐구(*Enquiry Concerning Political Justice*)』가 수년 동안 벤담의 저작보다 더 많이 알려져 있었다.

창시자: 벤담

공리주의를 하나의 체계적 윤리 이론이자 사회 개혁 이론으로 만든 사람은 벤담이다. 벤담은 신동이었다(그림 1참조). 그는 12살에 옥스퍼드 대학에 입학하여 법학을 공부하였다. 그러나 그는 변호사 개업을 하지 않고 런던으로 돌아가서 법률 개혁 방안에 관한 글을 썼다. 그는 스스로 은둔자를 자처했지만, 자기 사상을 함께 논의할 친구들은 있었다. 그 가운데는 잠시 동안 수상을 지내기도 했던 자유주의적 정치가인 셸번 백작(Earl of Shelburne)과 존 스튜어트 밀(John Stuart Mill)의 아버지인 제임스 밀(James Mill)도 있었다. 벤담은 또한 유럽 전역을 여행하였으며, 포템킨 공의 행정관으로 근무하고 있던 자신의 동생을 방문하기 위하여 러시아까지 여행하였다.

벤담이 공리주의의 원리에 대한 정식으로 '최대 다수의 최대 행복'을 처음 사용하기 시작한 해는 1776년이다. 그때부터 그는 그 목표를 달성하는 데 헌신했다. (벤담이 나중에 깨달았던 바와 같이 그 정식은 부적절하다. 왜냐하면 어떤 것이 인구의 49%를 전적으로 불행하게 만들고 단지 인구의 51%만을 약간 더 행복하게 만든다고 해도 공리주의자들은 그것을 옳은 것으로 여긴다는 잘못된 생각을 대중들이 하도록 만들기 때문이다.) 일설에 의하면, 벤담은 '공리주의자'라는 용어를 꿈속에서 생각해 냈다고 한다. 그 꿈속에서 그는 '한 종파의 창시자로서 매우 신성하고 중요한 존재였는데, 그 종파를 공리주의자들이라고 불렀다고 한다.'

1780년에 벤담은 『도덕과 입법의 원리에 관한 서론(Introduction to the Principles of Morals and Legislation)』을 완성했다. 이 책은 그가 공리주의 이론을 가장 명료하게 제시한 책이다. 그러나 이 책을 서론으로 포함하기로 예정되어 있던 책이 미완이

1. 제레미 벤담, 현대 공리주의의 창시자

었기 때문에 9년 뒤에나 출판될 수 있었다. 이것은 벤담 저술의 특징이다. 그는 생전에 16권의 책을 출간했다. 이것은 어떤 사상가에게도 상당한 성과이다. 그러나 그것은 벤담이 유작으로 남긴 72,500쪽 — 대략 3,600만 단어 — 에 달하는 미출간 육필 원고에 비하면 작은 일부에 불과하다. 2016년까지 80권으로 기획된 『제레미 벤담 전집(Collected Works of Jeremy Bentham)』의 33권이 출판되었다. (벤담의 난해한 손 글씨를 해독할 수 있는 사람은 누구나 벤담 옮겨 적기Transcribe Bentham라는 온라인 기획에서 그의 원고를 읽을 수 있다. 그리고 그 원고들을 정서正書로 옮겨 씀으로써 출판을 앞당길 수 있다.)

벤담은 그의 법률 체계 개혁안과 형벌 개혁안으로 국제적인 명성을 얻었다. 그의 가장 유명한 실천적 제안 가운데 하나는 '원형 감옥(Panopticon)'이다. 원형 감옥은 죄수나 근로자가 자신들이 관찰당하고 있는지를 정확히 모르도록 하면서도 그들을 항상 관찰할 수 있는 감옥 또는 공장을 설계한 것이다. 오늘날 원형 감옥은 프라이버시를 체계적으로 침해할 위험성 때문에 부정적 의미를 가지고 있다. 그러나 벤담은 원형 감옥의 한 가지 장점으로 수감되어 있는 죄수들이 간수나 감독관의 학대로부터 보호받을 수 있다는 점을 들었다.

벤담은 말년의 20년 동안 이상적인 법률을 입안하는 데 많은 에너지를 쏟아 부었고, 그것들을 실행하고자 노력하였다. 법의 성문화에 관한 그의 저술들은 프랑스어와 스페인어로 번역되었다. 그리고 그의 법률안은 자유주의적인 포르투갈 정부에 의해서 채택될 뻔하였으나, 반혁명 세력의 득세와 더불어 개혁의 기회도 사라지고 말았다. 벤담은 또한 미국, 아르헨티나, 콜롬비아 대통령과 서신을 교환하면서 그의 노력이 결실을 거두기를 희망하였으나 실패하였다.

벤담이 1770년대부터 1820년대까지 그의 생애 전반에 걸쳐서 성적 자유를 옹호하는 수필과 소논문들을 썼다는 것은 비교적 덜 알려져 있다. 그 당시는 새뮤얼 존슨 박사와 같이 대중들의 칭송을 받는 사상가들이 '비정상적인 성교'의 '악'을 방지하기 위하여 '엄격한 법률의 지속적 집행'이 이루어져야 한다고 말하던 시대였다. 그런 시대에 벤담은 성의 쾌락은 부자와 가난한 자가 똑같이 즐길 수 있다는 점에서 비정상적인 것이라고 지적하면서, 성적 쾌락이 극대화될 수 있도록 '맹목적 편견'에서 비롯된 제약들을 폐지해야 한다고 역설하였다. 성적 취향에서의 차이는 그것이 해악을 야기한다는 것이 입증되는 경우에만 처벌해야 하며, 그렇지 않을 경우에 처벌해서는 안 된다. 하지만 성적 취향의 차이가 해악을 낳는다는 증거는 부족하다. 다양한 저술에서 벤담은 동성애를 범죄시하는 전통적 논증들을 제시하고 그것들을 체계적으로 논박하였다. 그는 이런 저술들을 출판하려고 하지 않았다. 대신에 그는 그의 사후에라도 출판이 가능해지는 시대가 오기를 고대하였다. 그러나 성에 관한 서구인의 관념이 벤담의 사상을 따라잡는 데는 한 세기 반이라는 긴 세월이 흘러야만 했다.

벤담은 약관의 나이인 21살에 자신의 시신을 해부용으로 기증하겠다는 의사를 밝혔다. 그 당시에는 의학이 발전함에 따라 연구용 시신이 늘 부족했다. 그럼에도 불구하고 사형이 집행된 범죄자의 시신을 해부하는 것만이 허용되었고, 그 외의 해부는 불법이었다. 나중에 벤담은 자신의 시신을 해부한 후에 미라 형태의 '오토 아이콘(auto-icon)'으로 만들어서 그것을 보존하고 전시하라는 유훈을 남겼다. 그래서 오늘날까지도 런던대학 유니버시티 칼리지에서 벤담을 만나 볼 수 있다. 그의 골격에 그의 옷을 입히고 그 위에 밀랍으로 만든 머리를 올려놓은 그의 조상은 전면이 유리로 된 나무관 안에 안치된 채로 공개적으로 전시되어 있다. 그의 머리를 미라로 보존하는 데 실패했기 때문에 원래의 머리 대신에 밀랍으로 만든 머리를 붙인 것이다. 벤담은 '최대 행복을 낳는 도덕과 입법 체계의 창시자를 추모하기 위하여' 그의 친구들과 지지자들이 회합할 때 그의 시신을 보존한 관을 그곳으로 옮겨 가라는 뜻을 피력했다. 그의 제안에 따라서, 이 책의 저자들은 존 스튜어트 밀(John Stuart Mill) 탄생 200주년 기념 만찬에서 벤담과 함께하는 즐거움을 누렸다.

옹호자: 존 스튜어트 밀

스코틀랜드 출신인 제임스 밀(1773-1836)은 언론인으로서 경력을 쌓기 위해 런던으로 왔다. 그가 벤담을 만났을 때 그의 장남인 존 스튜어트 밀(1806-1873)은 두 살이었다. 제임스 밀은 벤담의 친구이자 제자였으며, 벤담 사상을 대중에게 효과적으로 전파하였다. 그리고 그의 조숙한 아들은 벤담의 지적인 상속자가 되었다. 그는 아들 밀을 학교에 보내지 않고 집에서 강도 높은 교육을 시켰다. 벤담과 마찬가지로 밀은 아주 어릴 때부터 많은 것들을 배웠다. 존 스튜어트 밀이 자신의 『자서전(Autobiography)』에서 밝힌 바에 따르면, 그는 3살 때 고대 그리스어를 읽을 수 있었고, 8살에는 라틴어를 읽을 수 있었다. 15살이 되었을 때, 그는 대부분의 고전을 이미 원어로 읽었고, 프랑스어를 알았으며, 역사서를 널리 읽었고, 수학, 논리학, 과학, 경제학에서의 중요한 사상을 터득했다. 그런 다음에야 비로소 그는 벤담의 저작을 접하게 되었다. 나중에 그가 적은 대로, 벤담을 읽자마자 그는 '다른 존재가 되었다. 기존의 모든 도덕 이론이 대체되고 사상에서 새로운 시대가 시작되었다는 느낌이 나를 엄습했다.'

밀의 유년 시절에 그의 아버지가 평론과 논문을 써서 얻은 수입은 많지 않았다. 대신에 제임스 밀은 많은 시간을 들여서 영국령 인도사 제1권을 쓰는 데 전념하였다. 그 저작은 1817년에 출판되어 많은 찬사를 받았고, 그와 더불어 가족의 재정 상태도 나아졌다. 제임스 밀은 영국이 인도에서 저지른 많은 일들에 대해서 비판적이었다. 그럼에도 불구하고 영국의 인도 통치 기구인 동인도 회사에 자리를 얻었다. 1823년에 그는 당시 17살이던 자신의 아들도 동인도 회사에 취업시켰다. 다행히도 동인도 회사에서의 일은 그리 많은 시간과 노력을 요하는 것이 아니어서 아들 밀이 공부하고 저술하는 데 방해가 되지는 않았다.

24살 때 밀은 그의 사상에 중대한 영향을 미친 해리엇 테일러(Harriet Taylor)를 만났다. 그녀는 밀보다 두 살 연하였지만, 밀이 독신이었던 데 반해서 그 당시에 그녀는 이미 결혼해서 아이를 두고 있었다. 그들은 점점 가까워졌고, 밀의 친구들이 밀에게 스캔들의 위험을 경고할 정도였다. 그러나 밀은 그들의 경고를 무시했다. 해리엇의 남편이 사망하고 난 후 2년 뒤인 1851년에 그들은 만난 지 20년 만에 결혼했다(그림 2 참조). 해리엇은 1858년에 죽었고, 밀은 깊은 상실감을 느꼈다. 밀은 그 다음 해에 그의 가장 유명한 저작인 『자유론(On Liberty)』을 출판했고, 그녀에게 헌정했다. 거기서 밀은 수년 동안 그가 저술한 모든 것들과 함께 '『자유론』도 그녀와 자신의 공동 저술'이라고 적고 있다.

밀은 1843년에 출간한 『논리의 체계(System of Logic)』를 통해서 철학자로서 명성을 얻었고, 뒤이어서 5년 후에 『정치경제학의 원리(Principles of Political Economy)』를 출간하여 명성을 더했다. 그러나 그가 공리주의 사상에 가장 크게 공헌한 저작들은 더 나중에 나왔다. 『자유론』은 1859년에 나왔고, 『공리주의(Utilitarianism)』는 『프레이저스 매거진(Fraser's Magazine)』에 연재된 세 편의 논문으로서 1861년에 처음 출판되었으며,

2. 존 스튜어트 밀과 해리엇 테일러 밀

『여성의 예속(The Subjection of Women)』은 1869년에 나왔다.

밀이 그의 모든 저작에서 일관되게 공리주의자였는가에 대해서는 논란이 있다. 『자유론』의 일부 구절들은 개인의 자유에 대한 헌신을 표현하는 것처럼 보이며, 그것은 밀이 자유가 가져온다고 믿었던 좋은 결과들을 능가하는 것처럼 보이기도 한다. 그러나 이 문제에 관해서 밀 자신의 진술은 아주 분명하다. '공리와 독립적인 것으로서의 추상적 권리라는 관념으로부터 나의 논증에 도입될 수 있는 일체의 장점을 나는 포기한다. 나는 공리를 모든 윤리적 문제에 대한 궁극적 기준으로 간주한다.' 그는 여기에 덧붙여서 이것이 '진보적 존재로서 인간의 항구적 이익에 근거를 둔 가장 넓은 의미에서의 공리'임이 분명하다고 말한다. 2년 뒤에 『공리주의』에서 그가 옹호하는 원리를 진술하면서, 그는 고전적 공리주의 또는 쾌락주의적 공리주의의 언어로 다음과 같이 직설적으로 진술한다. '행위는 행복을 증진하는 경향에 비례해서 옳고, 행복의 반대인 불행을 증진하는 경향에 비례해서 그르다. 행복은 쾌락의 향유와 고통의 부재를 의미하고, 불행은 고통을 느끼는 것과 행복의 결핍을 의미한다.' 그럼에도 불구하고 『공리주의』에서조차도 밀은 공리주의와 당대의 의견들을 화해시키는 데 열중하였다. 이것은 쾌락 공리주의에 대한 그의 믿음을 의심하게 만들었다. 아마도 가장 잘 알려진 예는 공리주의가 '돼지에게나 어울리는 이론'이 아니라는 것을 보여 주고자 하는 그의 시도일 것이다. 그는 공리주의가 돼지들이 누리는 '저급' 쾌락보다 철학의 '고급' 쾌락을 선호하는 것을 정당화할 수 있다고 주장하였다. 이에 관해서는 3장에서 자세하게 논의할 것이다.

오늘날 우리가 당연시하는 개혁에 대해서 공리주의가 제공한 추동력은 여성 평등을 위한 밀의 노력에서 가장 분명하게 드러난다. 벤담과 마찬가지로 밀 역시 '기존 관습과 일반적 감정'에 기초한 제도에 대해서 비판적이었다. 그리고 그가 『여성의 예속』의 서장에서 지적한 바와 같이, 그것들이 여성을 종속적 지위에 묶어 두기 위한 유일한 기초이다. 이 문제에 관해서 해리엇 테일러는 밀의 사상에 중대한 영향을 주었다. 밀 자신의 설명에 의하면, 그녀는 '여성의 참정권'이라는 제목을 지닌 논문의 주저자였다. 이 논문은 처음에는 1850년에 『웨스트민스터 리뷰(Westminster Review)』에 밀의 이름으로 출간되었다가, 나중에 밀과 해리엇 테일러의 공동 이름으로 출간되었다. 해리엇 테일러는 『여성의 예속』이 출판되기 15년 전에 사망했지만, 밀은 그 책 안에 표현된 사상의 많은 것들이 그녀와 그녀의 딸인 헬렌 테일러의 공로라고 말했다.

밀이 『여성의 예속』을 쓸 당시에 여성들은 투표를 할 수도 없었고, 결혼한 여성은 남편과 별도로 자신의 재산이나 돈을 소유할 수도 없었다. 사실상 여성은 영국 법에서 독립적인 법적 독립체가 아니었다. 밀은 이런 종속적 지위는 그 자체로 옳지 못할 뿐만 아니라 '인간의 발전을 가로막는 주요한 장애물 가운데 하나'라고 강력하게 주장했다. 그것은 '어느 한쪽에 권력이나 특권을 부여하지도 않고 다른 쪽에 무능력을 부과하지도 않는 완전한 평등의 원리에 의해서 대체되어야' 한다고 밀은 쓰고 있다.

밀은 의회의 의원으로 재임하는 동안에 다양한 여러 개혁을 시도하였으며, 이와 함께 여성의 평등을 이룩하기 위해 노력하였다. 그는 투표권을 여성에게로 확대하기 위해서 1867년의 개혁법에 대한 수정 법안을 제출하였다. 그러나 그것은 압도적으로 부결되었다. 밀이 수정 법안에서 주장한 평등한 투표권을 여성이 획득하는 데는 이후 60년이 더 걸렸다. 결혼한 여성이 자신의 재산을 소유할 수 있도록 법률을 개정하고자 하는 그의 노력 역시 실패하였다. 그러나 밀이 의원직을 상실하고 난 후 2년 만에 그 법률은 개정되었다.

강단 철학자: 헨리 시지윅

헨리 시지윅(Henry Sidgwick, 1838-1900; 그림 3 참조)은 1855년에 케임브리지 트리니티 칼리지에 학생으로 입학해서 죽을 때까지 거기에 머물렀다. 1874년에 그는 자신의 최초의 책이자 가장 유명한 책인 『윤리학의 방법(The Methods of Ethics)』을 출간하였다. 1886년에 출판된 『영국 독자를 위한 윤리학사 개관(Outlines of the History of Ethics for English Readers)』은 윤리학의 역사에 관한 시지윅의 지식의 깊이를 보여 준다. 그러나 그의 관심은 윤리학에 한정되지 않았다. 그는 또한 『정치경제학의 원리(The Principles of Political Economy)』(1883), 『경제학의 범위와 방법(The Scope and Method of Economic Science)』(1885), 『정치학의 요소들(The Elements of Politics)』(1891)을 출간하였다.

다른 저작들을 쓰면서도 시지윅은 그의 생애 내내 『윤리학의 방법』을 계속 수정하였다. 그의 생전에 5판까지 나왔고, 죽는 순간에도 6판을 작업하고 있었다. (오늘날 통용되고 있는 표준 7판은 6판에 있는 몇 가지 오기誤記를 수정한 것이다.) 시지윅의 목적은 우리가 무엇을 해야 할 것인가를 결정할 때 사용하는 상이한 추리 방법들을 제시하고 그것들을 비교하는 것이다. 그의 책은 세 가지 방법들에 관해서 논의하고 있는데, 이기주의, 직관주의, 공리주의가 그것이다. 이기주의는 우리 자신의 선을 목표로 해야 한다는 견해이고, 직관주의는 결과와 무관하게 규칙을 준수하라고 지시하는 견해이다.

시지윅은 자신이 임마누엘 칸트(Immanuel Kant)와 존 스튜어트 밀에게서 크게 영향을 받았음을 인정하고 있다. 그는 한편으로 칸트가 제시한 의무 관념과 윤리학의 토대로서 사용할 수 있는 '하나의 근본적인 직관'의 필요성에서 영향을 받았다. 그리고 다른 한편으로는 밀의 공리주의에서 영향을 받았다. 그러나 밀의 『공리주의』가 성급하게 쓰였고 몇 가지 터무니없는 오류를 범했다고 비난 받은 데 비해서 『윤리학의 방법』

은 광범위한 쟁점들을 매우 신중하게 다루는 것으로 주목받고 있다. 이 쟁점들에는 윤리학에서의 객관성, 상식 도덕의 실패, 자명한 도덕적 진리의 인식 가능성, 궁극적 선의 본질, 가난한 사람들에 대한 우리의 의무, 공리주의자들이 행복의 평균 수준의 극대화를 추구할 것인지 아니면 행복의 총량의 극대화를 추구할 것인지 등과 같은 문제들이 포함되어 있다. 그럼에도 불구하고 시지윅의 저작보다 밀의 저작이 오늘날 더 광범위하게 읽히는 것이 사실이다. 그것은 적어도 부분적으로는 『윤리학의 방법』이 500쪽이 넘는다는 사실에서 기인하며, 부분적으로는 시지윅의 문체가 밀보다 덜 유려한 데서 기인한다.

존 롤스(John Rawls)는 『윤리학의 방법』에 대해 '도덕관에 관해 체계적인 비교 연구를 시도한 도덕철학에서 최초의 진정한 학문적 저작'이라고 묘사했다. 이 비교 연구의 방법은 오늘날 철학적 저술에서 표준이 되었다. 아마도 이것이 윤리학에 대한 시지윅의 가장 중요한 공헌일 것이다. 그러나 특수한 쟁점들에 관한 그의 구체적 견해들도 현대의 윤리적 논의들과 여전히 깊은 관련을 맺고 있다. 20세기의 저명한 공리주의자인 스마트(J. J. C. Smart)는 『윤리학의 방법』이 단연코 '윤리학에 관한 책 가운데 최고의 책'이라고 말하였다. 파핏도 그 판단에 동의하면서, 플라톤의 『국가』와 아리스토텔레스의 『니코마코스 윤리학』과 같은 책들이 더 위대한 성취를 이룬 것은 사실이지만, 시지윅은 그보다 앞선 철학자들의 업적을 딛고 그 위에 설 수 있었기 때문에 『윤리학의 방법』이 '가장 많은

3. 헨리 시지윅, '윤리학에 관한 책 가운데 최고의 책'의 저자

진리와 중요한 주장들을 담고 있다'고 하였다.

1869년에 시지윅은 영국 교회의 39개 조항에 동의할 수 없다는 이유로 트리니티 칼리지의 펠로(선임 연구원) 자리를 사임하였다. 대신에 그는 강사가 되었다. 강사 자리는 그의 종교적 신앙을 증언할 것을 요구하지 않았기 때문에, 그는 학문적 경력을 계속 유지할 수 있었다. 그의 정직한 행동은 대학 교수직을 위한 종교 심사에 반대하는 운동을 촉발시켰고, 의회는 2년 후에 그것을 폐지하였다. 그때에야 시지윅은 그의 펠로 자리에 다시 취임할 수 있었다. 1883년에 그는 케임브리지 대학에서 도덕철학자가 얻을 수 있는 가장 영예로운 자리인 나이트브리지 좌(座) 도덕철학 교수에 임명되었다.

시지윅은 정통적인 종교 신자와는 거리가 멀었지만 사후의 생존 가능성에 대해서 강한 관심을 가지고 있었다. 특히 그가 그런 관심을 가진 이유는 사후의 삶에서의 보상과 처벌이 이기주의와 공리주의 사이의 모순을 극복할 수도 있지 않을까 하는 실천적 목적에서였다. 시지윅은 1882년에 창립되어 오늘날에도 존속하고 있는 심령연구학회(Society for Psychical Research)의 설립에도 관여하였고, 초대 회장을 역임하였다. 그 학회는 죽은 자와 의사소통을 할 수 있다고 주장하는 사람들의 진실성을 검사하고자 하였다. 시지윅은 열린 마음을 유지하였으나, 그런 주장들 가운데 어떤 것도 진짜라고는 믿지 않았다.

시지윅은 케임브리지 대학에 여성이 입학하는 길을 놓았다. 그는 최초로 '여성을 위한 강좌'를 개설하고 그 강좌에 출석하는 여성들이 기거할 집을 임대해 주었다. 이런 노력은 여성용 기숙사인 뉴넘 홀(Newnham Hall)의 창립으로 이어졌다. 이것은 또한 시지윅의 결혼으로 이어졌다. 시지윅은 38세 되던 해에 엘리너 밸푸어(Eleanor Balfour)와 결혼하였다. 그녀는 수학에 뛰어난 재능을 지녀서 수학을 연구하기 위해 뉴넘 홀에 온 학생이었다. 그녀는 나중에 노벨 물리학상을 받은 레일리 경(Lord Rayleigh)과 공저자로 전기에 관한 세 편의 논문을 썼다. 엘리너의 남자 형제인 아서 밸푸어(Arthur Balfour)는 시지윅의 학생이었다. 그는 나중에 보수당의 지도자가 되었고 수상을 역임하였다. 엘리너는 시지윅과 함께 심령 현상을 탐구하는 데 관심이 있었으며, 그들은 여성 교육의 신장을 위해서 함께 노력하였다. 엘리너는 1892년에 (뉴넘 홀이 변화된) 뉴넘 칼리지의 학장이 되었다. 시지윅과 엘리너의 결혼은 주로 정신적인 결합이었다. 그리고 어쩌면 전적으로 정신적인 결합이었을지도 모른다. 그들 사이에는 아이가 없었고, 시지윅이 낭만적 감정을 느꼈던 대상이 남성이었다는 것을 암시하는 증거들도 있다.

19세기에 공리주의는 벤담의 독단적인 옹호론에서 시작해서 시지윅의 신중하고 세련된 철학으로 발전하였다. 그러면서 공리주의는 초기의 개혁의 열정을 일부 잃어버렸지만, 정치학과 경제학에서 중요한 영향력을 확보하였으며, 윤리학에 대한 하나의 합리적인 접근 — 이에 대해서는 아직도 논란이 진행 중이지만 — 으로 확고하게 자리 잡았다.

시지윅의 트리니티 칼리지의 학생이었던 무어(G. E. Moore, 1873-1958)는 옳은 행동은 최선의 결과를 낳는 행동이라는 스승의 견해를 받아들였다. 하지만 그는 쾌락 또는 행복만이 본래적 선이라는 견해는 거부하였다. 그는 여기에 우정과 미의 감상을 독립적 가치로 추가하였다. 이런 종류의 공리주의는 당시에는 '이상 공리주의(ideal utilitarianism)'로 알려졌으나, 오늘날에는 간단히 일종의 결과주의로 불린다. 그러나 무어를 유명하게 만든 것은 공리주의에 대한 그의 공헌이 아니다. 오히려 그는 자신의 저서 『윤리학 원리(Principia Ethica)』에서 오늘날 '메타 윤리학'으로 알려진 일단의 새로운 문제들을 제기하여 도덕철학의 방향을 재정립한 것으로 유명하다. 거기서 그는 '선(좋은·good)'과 같은 도덕적 용어의 정의에 관련되는 메타 윤리학의 독립 분과를 발전시켰다. 20세기의 많은 기간 동안에 도덕철학에서 새로운 지평을 열 것으로 기대했던 영역은 공리주의와 그 경쟁 이론 간의 선택과 같은 규범적 쟁점이 아니라 메타 윤리학이었다. 1970년대가 되어서야 비로소 철학의 초점이 규범 윤리학과 응용 윤리학으로 되돌아왔다.

2장:
정당화

공리주의 원리에 대한 벤담의 정당화

윤리적 물음에 관해서는 자신의 의견을 표명하는 것만으로는 충분하지 않다. 그 의견을 정당화하는 무엇을 제시하거나 아니면 다른 사람들로 하여금 그것을 받아들이도록 설득할 수 있는 무엇을 제시할 필요가 있다. 그 정당화의 형식은 윤리학 자체의 본질에 관한 견해에 의존한다. 즉, '도덕 판단은 참 또는 거짓일 수 있는가, 아니면 단순히 우리의 태도를 표현하는 것인가'에 대한 견해에 의존한다. 윤리의 제1원리를 증명하는 것은 어렵기로 유명하다. 우리는 데카르트처럼 다른 모든 윤리적 판단의 토대로서 사용할 수 있는 자명한 제1원리를 찾아야 하는가? 이것은 '토대주의(foundationalism)'라고 불리는 방법이다. 아니면 우리는 존 롤스의 예를 따라서 '반성적 평형(reflective equilibrium)'의 방법을 사용해야 하는가? 반성적 평형은 윤리적 원리가 우리의 도덕 판단과 얼마나 잘 조화되느냐에 따라 윤리적 원리를 정당화함과 동시에 판단과 신빙성 있는 원리의 정합성에 비추어서 판단 자체를 재고찰하는 방법이다.

벤담은 자신의 제1원리를 입증하는 간접적 방법을 제시한다. 그는 자신의 『도덕과 입법의 원리에 관한 서론』에서 '공리의 원리에 대한 직접적 증명이 가능한가?'라는 물음을 제기하고, 그것은 가능하지 않다고 답한다. 왜냐하면 '다른 모든 것을 증명하는 데 사용되는 것 그 자체는 증명할 수 없기 때문이다. 증명의 사슬은 어딘가에서 출발해야 한다.' 벤담은 우리가 자신과 타인들을 판단할 때 자연적으로 공리에 호소하는 경향을 가진다고 믿었다. 그러나 그에 의하면 혼란과 비일관성이 사람들로 하여금 '공리의 원리를 달갑지 않게 여기는 성향을' 가지도록 만든다. 벤담은 그런 성향을 지닌 사람들에게 일련의 물음에 대해서 스스로 답해 보라고 요구한다. 이 물음들은 선택을 요구하는 물음이며, 각각의 선택은 또 다른 물음으로 이어진다. 이 물음의 계열은 공리의 원리에 대한 대안들이 모두 받아들이기 어려운 것이라는 결론으로 나아가도록 의도된 것이다. 벤담이 생각하는 자신의 반대자들이 나아갈 수 있는 경로의 집합은 간단한 흐름도로 나타낼 수 있다(그림 4 참조).

이 논증에 대한 벤담의 진술은 극히 축약적이다. 그는 가능한 몇 가지 입장을 논파하는 데 채 한 쪽도 할애하지 않고 있다. 그러나 그 입장들 각각은 책 한 권의 주제가 되고도 남는 것들이다. 흐름도의 왼쪽을 살펴보자. 혹자는 우리가 좋아하고 싫어하는 것 — 벤담은 그것을 '감정'이라고 부른다 — 이 옳고 그름을 판단하는 데 유일하게 가능한 기초라고 주장할 수도 있을 것이다(우리는 나중에 20세기의 호주 철학자 스마트가 공리주의자임에도 불구하고 이렇게 생각했다는 것을 살펴볼 것이다). 우리는 또한 주관주의가 무정부 상태를 초래한다는 벤담의 주장에 대해서도 이의를 제기할 수 있다. 주관주의가 무정부 상태를 초래할 것인가의 여부는 불일치를 해결하는 데 있어서 사람들이 평화적 수단을 선호하느냐, 아니면 폭력에 호소하느냐에 달린 문제일 것이다. 만약 사람들이 평화적 수단에 대한 선호를 공유한다면, 그들은 모두 공동의 목적을 달성하기 위하여 민주적인 정치 체제를 수립하는 데 동의할 것이다.

그러나 가장 심각한 문제는 흐름도의 오른쪽에 있다. 어떤 철학자도 공리의 원리를 완전히 폐기하려고 하지는 않을 것이다. 그러나 많은 철학자들이 절대적 규칙 — 예를 들어 '죄 없는 사람을 죽이는 것은 항상 그르다'와 같은 규칙 — 에 의해서 공리의 원리가 무시될 수 있다고 생각한다. 만약 그러한 절대적 규칙의 집합이 옹호될 수 있다면, 그것은 공리의 원리가 어떻게 제한될 수 있는가라는 벤담의 물음에 대한 대답이 될 것이다. 대신에 그들은 정의, 정직, 인간 존엄성에 대한 존중이 어떤 식으로든 공리의 원리와 견주어 보아야만 하는 독립적 원리들이라고 주장할 것이다.

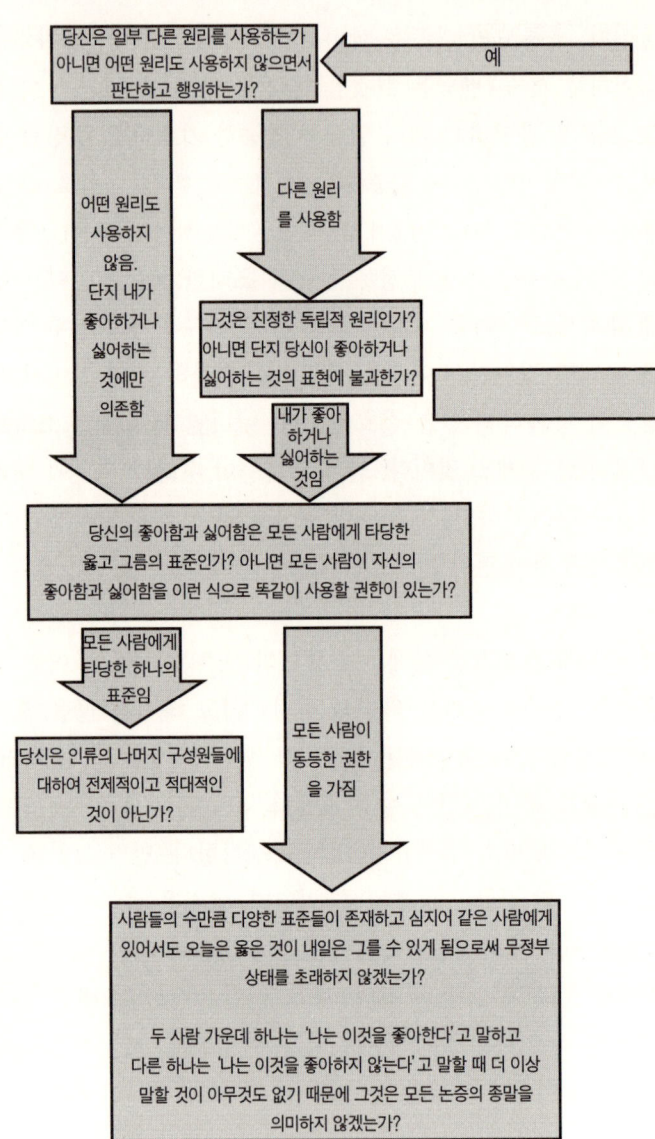

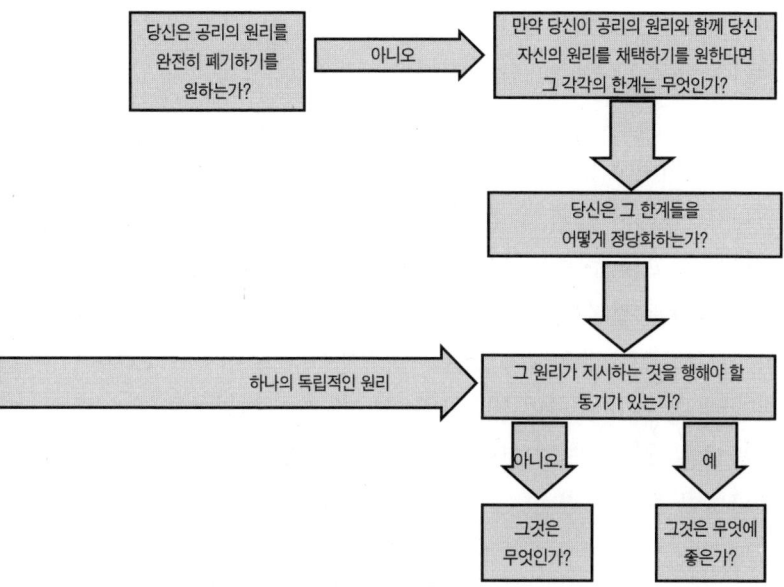

4. 공리의 원리에 대한 벤담의 정당화: 간략 흐름도

마지막으로 흐름도의 오른쪽 계열은 비공리주의적 입장을 지지하는 사람들에게 그 원리에 따라 행위할 어떤 동기가 있는가라는 물음으로 끝난다. 그러나 여기서 벤담은 유리집 안에서 돌을 던지고 있는 것과 같이 자멸적이다.『도덕과 입법의 원리에 관한 서론』의 첫 문장은 '자연은 인류를 고통과 쾌락이라는 최고의 두 주인들이 지배하도록 하였다. 우리가 무엇을 행할까를 결정할 뿐만 아니라 우리가 무엇을 해야 하는가를 지시해 주는 것은 오직 **고통과 쾌락뿐이다**'로 시작한다. 이 문장에 대한 가장 자연스러운 독해는 우리의 행위의 동기를 유발하는 것은 **우리 자신의** 고통과 쾌락이라고 읽는 것이다. 왜냐하면 모든 사람이 모두의 고통을 줄이고 쾌락을 증진하고자 하는 동기에 지배받는다고 주장하는 것은 설득력이 없기 때문이다. 그러므로 만약 벤담이 비공리주의적 원리가 동기를 유발할 수 있느냐에 대해서 의문을 제기한다면, 그 도전은 벤담 자신에게도 제기될 수 있다. 왜 공리의 원리는 단지 자신의 고통과 쾌락에만 관심을 가지는 사람들에 대해서 동기를 유발해야 하는가? 우리가 곧 살펴보겠지만, 공리의 원리를 정당화하고자 하는 존 스튜어트 밀의 시도 역시 더 분명하게 동일한 문제에 직면한다.

밀의 증명

밀의『공리주의』는 오늘날 철학 강좌에서 두 번째로 많이 추천되는 문헌이다(가장 많이 추천되는 문헌은 아리스토텔레스의 『니코마코스 윤리학』이다). 또 공리주의에 대한 모든 정당화들 가운데서 가장 널리 논의되는 것도 의심의 여지 없이 밀의 정당화이다. 그러나 이것이 밀의 정당화 논의가 최고라는 것을 의미하지는 않는다.

『공리주의』를 시작하면서 밀은 옳고 그름을 결정하는 데 사용할 수 있는 방법론의 종류에 관해서 설명한다. 그의 설명에 따르면, 직관주의 학파에 속하는 사람들은 우리가 어떤 도덕원리를 수용해야 하는지를 자명한 진리처럼 즉각적으로 알 수 있는 '자연적 능력, 감각 또는 본능'이 있다고 믿는다. 이에 반대해서 밀 자신이 속하는 귀납학파는 관찰과 실험에 의해 옳고 그름에 대해서 알 수 있다고 주장한다. 이 두 학파 사이에서의 선택은 공리주의를 정당화하는 방식에 영향을 준다.

밀도 벤담과 마찬가지로 궁극적 목적은 증명 불가능하다고 주장한다. 그러나 이것이 우리가 궁극적 목적을 지지하는 어떤 것도 말할 수 없다는 것을 의미하지는 않는다. 공리주의는 행복이 우리가 목적으로 삼아야 하는 유일한 것이라고 주장한다. 그러나 왜 우리가 행복을 궁극적 목적으로 삼아야 하는가? 우리는 이 물음을 제기함으로써 논의를 시작할 수 있다. 밀에 의하면, 목적에 관한 물음은 바람직한(desirable) 것에 관한 물음이다. 행복이 바람직하다는 것에 대해 우리가 제시할 수 있는 증거는 무엇인가? 밀의 대답은 이렇다. '어떤 것이 바

람직하다는 것의 유일한 증거는 사람들이 실제로 그것을 바라고 있다는 것이다.'

이것은 좋은 출발이 아니다. 마약 중독자는 마약을 바란다. 그러나 이것이 마약이 바람직하다는 것을 의미하지는 않는다. '바람직한'은 보통 '바랄 수 있는(able to be desired)'보다는 '바랄 만한 가치가 있는(worthy of being desired)'을 의미한다. 19세기의 위대한 공리주의자 세 사람 가운데 세 번째 인물인 헨리 시지윅은 밀이 사용한 귀납적 방법은 오류라고 생각했다. 왜냐하면 경험은 '기껏해야 우리에게 모든 사람이 항상 쾌락을 궁극적 목적으로 추구한다고 말해 줄 뿐이다. … 경험은 우리에게 쾌락을 궁극적 목적으로 추구해야 한다고 말해 줄 수 없다.' 20세기의 시작과 더불어 무어는 '자연주의적 오류(naturalistic fallacy)' — 대략적으로 말해서 사실로부터 가치를 도출하는 오류 — 에 반대하는 그의 매우 영향력 있는 논증에서 '바라는 것'으로부터 '선(좋은)'을 도출한 밀을 주요 표적으로 삼았다.

밀은 다음과 같이 주장한다.

> 왜 일반 행복(general happiness)이 바람직한가에 대하여 제시할 수 있는 이유는 각자는 자신의 행복을 얻을 수 있다고 믿는 한에서 자기 자신의 행복을 바란다는 것밖에 없다. 그러나 이것이 사실인 한, 우리는 행복이 좋다는 것, 즉 각자의 행복은 그 사람

에게 좋고, 따라서 일반 행복은 모든 사람들의 집합에 좋다는 것에 대한 모든 증명을 확보하게 된다. 이 문제가 허용하고 요구할 수 있는 모든 증명을 확보하게 된다.

여기서도 밀은 의심스러운 근거 위에 서 있다. 내가 나 자신의 행복을 바란다는 사실이 내가 모든 사람의 행복을 바란다는 것을 의미하지는 않는다. 가령, 나는 타인의 불행을 즐기는 고약한 성격의 소유자일 수도 있다. 아니면 나는 타인의 행복에 철저하게 무관심한 이기적 쾌락주의자일 수도 있다. 그래서 나는 다른 모든 사람의 큰 행복의 증진보다 나 자신의 적은 행복의 증진을 선호할 수 있다. 만약 많은 사람이 나와 같다면, 우리는 여전히 일반 행복이 '모든 사람의 집합에 대해서 선'이라고 말할 수 있겠는가? 이 물음에 대한 대답은 우리가 이 생각을 어떻게 이해하느냐에 달려 있다. 여기서 밀이 말하고 있는 것이 '우리들 각자가 우리 자신의 행복을 바라기 때문에, 우리들 각자는 또한 일반 행복을 바라야만 한다'는 것인가? 이 문제에 대해 개인적인 서신에서 밀은 이런 해석을 부인한다. 그는 말하기를, [위의 인용문에서] 그가 의미하는 바는 'A의 행복이 하나의 선이고, B의 행복도 하나의 선이고, C의 행복도 하나의 선이기 때문에, 이 모든 선들의 합도 하나의 선임에 틀림이 없다'고 주장하는 것뿐이다. 그러나 만약 이것이 밀의 주장을 해석하는 방법이라면, 그것은 'A의 행복이 A에게 하나의 선이다'라는 진술로부터 A의 행복이 그저 '하나의 선'이라는 주장으로 아무 설명 없이 나아간 것이다. A가 자신의 행복을 바란다는 사실은 어떤 사태에 관한 하나의 기술(description)인데 반해서, 어떤 것이 '하나의 선'이라고 말하는 것은 규범적 주장을 하는 것이다. 데이비드 흄은 이미 이전의 철학자들이 '존재(이다)'에 관해 관찰을 하다가 갑자기 그것으로부터 '당위(해야 한다)'에 관한 결론을 도출하는 것에 주목한 바 있다. 그리고 그는 그런 전제로부터 그러한 결론이 어떻게 나올 수 있는지를 설명할 필요가 있다고 지적했다. 밀은 그러한 설명을 제시하지 않았다.

밀은 『공리주의』의 뒷부분에서 정의에 관해 논의하면서, '모든 사람은 하나로 계산되어야 하고 누구도 하나 이상으로 계산되어서는 안 된다'는 벤담의 말을 인용한다. 그 다음에 그는, 공리의 원리는 '어떤 사람의 행복이 (어떤 종류에 있어서 허용된) 정도의 면에서 평등하다고 상정할 때, 그 사람의 행복이 다른 사람의 행복과 정확하게 똑같이 계산되지 않는다면, 아무런 합리적 의미를 가지지 않는 단어들의 나열에 불과하다'고 덧붙인다. 밀의 이러한 언급은 그가 자신의 책의 독자들이 공평성(impartiality)의 관념을 도덕의 본질로 기꺼이 받아들인다고 가정하고 있음을 나타내는 것으로 해석되어 왔다. 밀에게 있어서 [이기주의는 진정한 도덕 이론이 아니다.] 이기주의는 공리주의와 도덕 이론의 지위를 두고 다툴 경쟁자가 아니다. 만약 이 해석이 옳다면, 'A의 행복은 A에게 하나의 선이고, B의 행복은 B에게 하나이 선이다. 등등'과 '이 모든 것의 합은 모두에게 하나의 선이다.' 사이에 간격이 없다고 밀이 생각한 이유를 설명할 수 있을 것이다.

이제 우리는 공리주의에 대한 밀의 정당화가 그렇게 널리 논의되는 이유를 이해할 수 있다. 그것은 학생들에게 철학적 논증 안에 포함되어 있는 오류들을 발견하도록 가르치는 데 유용하다. 그 외견상의 오류가 진정한 오류인지는 밀의 저작을 연구하는 전문 학자들에게 맡겨야 할 문제이다. 그러나 우리가 밀을 아무리 너그럽게 독해한다고 할지라도, 밀의 글쓰기는 정확하지 않고 그 의미가 불명료하다고 말할 수밖에 없다. 세 번째 위대한 19세기 공리주의자인 시지윅은 그의 전임자인 벤담과 밀의 저작을 읽을 수 있는 이점을 누릴 수 있었다. 그래서 그와 다른 비판자들이 벤담과 밀의 저작에서 발견한 문제들의 상당 부분을 피할 수 있었다.

시지윅의 증명

시지윅은 그의 주저인 『윤리학의 방법』을 시작하면서, 독자들에게 자신의 목적은 공리주의가 옳다는 것을 증명하는 것이 아니라 자명하고 객관적으로 참인 도덕 판단 또는 공리(axioms)를 발견하는 것이라고 말하고 있다. 그러나 그 책의 말미에서, 시지윅이 공리주의가 매우 합당한 이론이라는 것을 발견한 것은 분명하다. 그럼에도 불구하고 그는 공리주의의 경쟁 이론인 이기주의를 제거하지는 못했다.

밀과는 달리, 시지윅은 궁극적인 윤리적 원리들은 이성의 진리들(truths of reason)이라고 주장한다. 우리는 그것들이 자명하다는(self-evident) 것을 알 수 있다. 여기서 자명하다는 것은 이 진리들이 다른 어떤 전제들로부터 추론되는 것이 아니라는 것을 의미한다. [그러나] 그가 그것들이 분명하다고 (obvious) 말하는 것은 아니다. 이런 점에서 그는 철학적 직관주의자(philosophical intuitionist)[1]이다. 직관주의자들은 전형적으로 상식 도덕(common-sense morality)은 자명한 도덕적 직관에 기초한다고 주장한다. 시지윅은 그의 책의 많은 부분을 지혜, 자제, 박애(benevolence), 정의, 선한 신앙심, 진실성, 타산

---

1. 시지윅은 직관주의를 지각적 직관주의(perceptual intuitionism), 독단적 직관주의(dogmatic intuitionism), 철학적 직관주의(philosophical intuitionism)로 구분한다. '지각적 직관주의'는 우리가 직관을 가지고 개별적 행위의 도덕성을 즉각적으로 판단할 수 있다고 주장한다. 시지윅에 의하면, 매 경우마다 직관에 의존해서 판단하는 지각적 직관주의는 그 판단에 일관성이 없고 도덕적 결론에 이르는 일체의 추론이나 절차를 거부하기 때문에 윤리학의 방법이라고 할 수 없다. '독단적 직관주의'는 우리가 타당한 직관을 가지고 개별적 행위가 아니라 행위의 일반적 규칙들을 식별할 수 있다고 주장한다. 독단적 직관주의는 이 일반적인 도덕 규칙을 결과에 대한 고려와 관계없이 따라야 한다고 주장한다. 시지윅에 의하면, 상식의 도덕은 이 독단적 직관주의에 기초하고 있는데, 독단적 직관주의가 내세우는 일반적 규칙들은 자명성의 적절한 조건을 충족시킬 수 없다. 즉, 상식 도덕의 일반적 규칙들은 자명하지 않다. 이에 반해서 '철학적 직관주의'는 직관의 대상이 개별적 행위나 일반적 규칙이 아니라 매우 추상적인 자명한 원리들이라고 주장한다. 철학적 직관주의에 의하면, 우리는 자명성의 적절한 조건을 충족시키는 추상적인 도덕원리를 추론에 의하지 않고 즉각적으로 식별할 수 있다. 시지윅은 그와 같은 자명한 도덕원리로서 정의의 원리, 타산의 원리, 박애의 원리를 들고 있다. 이러한 직관주의 분류법에 따르면, 시지윅 자신은 직관적으로 자명한 도덕원리에 기초해서 공리주의를 전개하기 때문에 지각적 직관주의자나 독단적 직관주의자가 아니라 일종의 철학적 직관주의자이다: 옮긴이.

(prudence), 순수와 같은 덕들에 상응하는 도덕 규칙들을 면밀히 검토하는 데 할애하고 있다. 그러나 대부분의 직관주의자들과 달리, 그는 상식 도덕의 외견상의 자명성은 우리가 그것의 규칙을 특수한 경우에 적용하려고 할 때 사라진다고 결론짓는다.

예를 들어 상식 도덕은 우리에게 거짓말하지 말라고 말한다. 그러나 그것이 정확히 의미하는 바는 무엇인가? 우리가 말하려고 하는 어떤 것이 문자 그대로 참이지만 듣는 사람을 오도할 것임을 우리가 알고 있는 경우에도 그것을 말해야 하는가? 방금 문신을 하고 온 친구가 그것을 어떻게 생각하느냐고 나에게 물었을 때 나는 진실을 말해야만 하는가? 당신이 믿지 않는 말을 하도록 요구받는 종교 행사에 참여함으로써 가족을 기쁘게 하는 것은 그른 것인가? 어린아이에게 누가 크리스마스 선물을 가져오는지에 관해서 거짓말을 하는 것은 허용 가능한가? 또는 아이들에게 방금 진단받은 질병의 치료 가능성에 관해서 거짓말을 하는 것은 허용 가능한가? 상식 도덕은 우리가 **절대로** 거짓말해서는 안 된다고 말하지 않는다. 그러나 우리가 상식 도덕의 규칙들이 예외를 포함하도록 그 규칙들을 개선하려고 하는 순간, 그 규칙들의 명료함(clarity)과 외견상의 자명성은 사라지고 만다. '…할 때를 제외하고 진실을 말하라'는 그 예외가 그 자체로 명료하고 자명한 것이 아닌 한 자명한 도덕적 진리일 수 없다.

이것은 시지윅이 실시한 상식 도덕에 대한 폭넓은 분석에서 가져온 단지 한 가지 예에 불과하다. 상식 도덕에 대한 분석의 요점은, 제한 조건과 예외를 모두 포함하고 있는 상식 도덕의 규칙들은 자명하지 않고, 오히려 더 심층적인 설명을 필요로 한다는 것이다. 그 심층적인 설명은 그 규칙들이 우리의 행위를 더 큰 선으로 안내하는 수단이라는 [공리주의적] 설명이다. 물론 그 규칙들은 완전한 지침은 아니다. 왜냐하면 그것들은 많은 종류의 왜곡에, 예컨대 자기이익, 미신, 무지에서 비롯되는 왜곡에 노출되어 있기 때문이다. 그럼에도 불구하고 최대의 선을 산출하는 것을 행하라는 공리주의적 원리는 다른 어떤 도덕 이론도 가지지 못한 설명력을 지니고 있다.

공리주의가 우리의 상식 도덕을 설명할 수 있고, 그래서 그것을 체계화할 수 있다는 시지윅의 생각은, 우리가 이 장의 서두에서 언급한 바 있는, 롤스의 반성적 평형 이론과 매우 유사하다. 그러나 롤스의 모델에서 참인 도덕 이론은 우리의 공통의 도덕 판단을 가장 잘 설명하는 것이다. 시지윅은 윤리학에서 진리가 우리의 공통의 도덕 판단에 의해서 구성된다는 생각을 거부한다. 대신에 그는 상식 도덕의 규칙보다 더 고차적이고 더 추상적인 수준에서 진정으로 자명한 도덕원리를 찾는다. 그는 자명한 명제가 충족시켜야 하는 네 가지 조건을 제안한다.

- 명제의 용어는 분명하고 정확해야만 한다.

- 명제의 자명성은 신중한 반성에 의해서 확인되어야만 한다.
- 자명한 것으로 받아들여지는 명제들은 상호 일관적인 것이어야만 한다.
- 똑같이 유능한 다른 판단자들이 내가 주장하는 어떤 명제가 진리임을 부인하는 정도만큼 그 명제가 진리라고 믿는 나의 믿음도 감소되어야 한다. 그리고 내가 오류를 범하고 있다고 의심할 이유가 없는 것과 마찬가지로 다른 판단자들이 오류를 범하고 있다고 의심할 만한 이유가 없다면, 나는 적어도 잠정적으로 '중립 상태'를 유지해야 한다[보편적 또는 일반적 합의].

시지윅은 이 요건들을 충족시키는 세 가지 원리를 발견했다.

- 정의는 우리에게 같은 경우를 똑같이 대우하라고 요구한다. 또는 시지윅의 표현대로 '… 우리들 가운데 누군가가 자신이 어떤 행동을 하는 것이 옳다고 판단한다면, 그는 암묵적으로 동일한 상황에 있는 모든 동일한 사람들이 그 행동을 하는 것도 옳다고 판단해야 한다.'
- 타산은 우리가 '자신의 의식적 삶의 모든 부분들에 대해서 공평한 관심'을 가져야 한다고 말한다. 이것은 우리 자신이 존재하는 모든 순간을 평등하게 고려해야 한다는 것을 의미한다. 우리는 미래가 불확실하기 때문에 미래를 할인할 수도 있다. 그러나 '미래 그 자체는 현재보다 더하지도 덜하지도 않은 것으로 간주되어야 한다.

- 박애는 타산과 마찬가지로 부분의 선이 아니라 전체의 선을 고려한다. 그러나 이 경우에 문제되는 것은 자기 자신의 선이 아니라 보편적 선이다. 그러므로 시지윅은 말하기를 박애의 원리는 우리에게 '공평하게 보았을 때 다른 사람의 선이 자신의 선보다 더 적다고 판단하는 경우가 아닌 한, 또는 다른 사람의 선이 그에 의해 확실히 알거나 달성하기 어렵다고 판단하는 경우가 아닌 한, 다른 개인의 선을 자신의 선과 똑같이' 대우하라고 요구한다.

시지윅에게 있어서 이 박애의 원리는 공리주의를 위한 토대이다. 그는 이 박애의 원리를 바탕으로 쾌락주의적 공리주의로 나아간다. 그러나 아직까지 시지윅은 쾌락 또는 행복만이 본래적으로 선이라는 것을 보여 주는 논증을 제시하지 않았다. 그는 이 문제를 별도로 다루고 있다. 우리는 3장에서 이것에 대해서 논의할 것이다.

이런 종류의 정당화는 그것의 토대가 굳건할 때에만 강력한 정당화가 될 수 있다. 우리는 그 토대가 참이라는 것을 어떻게 알 수 있는가? 시지윅의 조건을 따른다고 하더라도 방금 언급한 세 가지 원리와는 비일관적이지만 일부 사람들에게는 자명한 것으로 보이는 다른 공리들을 상상하는 것이 가능하다. 시지윅 자신도 이기주의 역시 자명한 것으로 보이는 주장 위에 기초할 수 있다는 것을 부인하지 않았다. 즉, '어떤 한 사람과 다른 사람 간의 차이는 실재적이고 근본적이다. 그래서

"나"는 다른 개인들의 삶의 질에 관심을 가지지 않는다는 근본적으로 중요한 의미에서 하나의 개인으로서 나의 삶의 질에 관심을 가진다.' 시지윅은 이 주장이 자신의 박애의 원리와 일관적이지 않다는 것, 그래서 실천이성이 두 가지 다른 방향을 가리키도록 만든다는 것을 알고 있었다. 시지윅은 그가 '실천이성의 이원론(dualism of practical reason)'이라고 부르는 이 문제를 해결하지 못했다. 그래서 그는 도덕에 합리적 토대를 마련하고자 하는 자신의 시도가 실패했다고 생각하였다.

하사니: 무지의 조건 하에서 합리적 선택 논증

존 하사니(John Harsanyi, 1920-2000)는 헝가리 태생의 경제학자이자 수학자였다. 하사니는 홀로코스트에서 어렵게 탈출하였으나, 2차 세계대전 후에 공산 정권에 의해서 다시 기소될 위험에 처했다. 그는 오스트리아로 도피했다가, 다시 호주를 거쳐, 최종적으로 미국에 정착했다. 1994년에 하사니는 게임 이론에 공헌한 업적을 인정받아 존 내쉬(John Nash), 라인하르트 젤텐(Reinhard Selten)과 노벨 경제학상을 공동 수상했다. 하사니는 자신의 전문 지식을 의사 결정 이론에도 적용해서, 합리적 이기주의자들이 자기 자신의 지위가 무엇인지 모르는 사회적 상황에서 선택한다면 어떤 원리를 선택할 것인가를 탐구하였다. 하사니의 논증에 의하면, 합리적 이기주의자들이 현 상황에 존재하는 사회적 지위들 가운데 어떤 것 — 가장 높은 것에서 가장 낮은 것에 이르기까지 — 을 차지할 동등한 기회를 가지고 있다는 것만을 알고 있다면, 그들은 사회 전체의 평균 공리(average utility)를 극대화하는 선택을 하려고 할 것이다. 왜냐하면 그것이 그들 자신의 기대 공리(expected utility)를 극대화할 것이기 때문이다. 여기에 덧붙여서 하사니는 이 '동등한 기회'가 선택하는 사람들이 처해 있는 객관적인 사회적·경제적 조건들뿐만 아니라 그들의 주관적 태도나 취향에도 적용되어야 한다고 주장하였다. 그렇게 되면 합리적 이기주의자들은 그 지위에 실제로 있는 사람의 태도와 취향의 견지에서 다른 개인의 지위의 공리를 판단하게 된다.

하사니가 사회적 원리들을 선택하는 이 장치는 존 롤스가 나중에 '무지의 베일'이라고 부른 것 뒤에서 사회적 원리들을 선택하는 장치이다. 아이러니하게도, 이 장치가 유명하게 된 것은 롤스가 자신의 영향력 있는 저서 『정의론(A Theory of Justice)』에서 공리주의에 반대하는 논증을 전개하기 위하여 그 장치를 사용하였기 때문이다. 롤스는 합리적 이기주의자들이 이런 조건들 하에서 평균 공리 극대화를 추구할 것이라는 점을 부정했다. 대신에 그는 합리적 이기주의자들이 평등한 자유의 원리와 최소 수혜자 — 가장 열악한 처지에 있는 사람 — 의 지위를 향상하는 데 절대적 우선권을 주는 분배의 원리를 선택할 것이라고 주장하였다. 롤스와 최소 수혜자의 우선성에 관해서는 4장에서 공리주의에 대한 반론들을 다룰 때 더 자세히 다룰 것이다. 여기서는 무지의 베일 뒤에서 합리적 이기주의자들이 평균 공리 극대화 대신에 자신의 두 원리를 선택할 것이라는 롤스의 주장이 『정의론』에서 가장 취약한 부분 중 하나라는 점을 지적하는 것으로 충분하다.

후기의 논문에서 하사니는 자신의 최초의 논증을 정식화한다. 그에 의하면, 그가 불확실성 하의 정책 결정을 위한 '합리성의 절대적으로 불가피한 기준'이라 부르는 것과 이탈리아 경제학자 파레토(Vilfredo Pareto)에서 유래하는 최적 선택을 위한 '논란의 여지가 없는' 요구가 결합되면, '논리적으로 공리주의 윤리학을 함의한다.' 아마도 하사니가 그의 증명에서 의존하고 있는 일부 가정들을 거부하는 것은 가능할 것이다. 그렇다고 해도 그의 논문은 사회 안에서 자신이 차지하게 될 지위에 관한 불확실성이 공평한 선택을 하도록 만들 때 자기 이익 극대화에 관한 제한된 가정의 집합에서 일종의 공리주의가 도출될 수 있다는 것을 보여 주었다.

스마트: 태도와 감정에의 호소

스마트(1920-2012)는 영국 태생의 철학자로서 하사니와 마찬가지로 30대 초반에 호주로 이주했다. 그러나 하사니와는 달리 그는 자신의 여생을 호주에서 보냈다. 1961년에 그는 『공리주의 윤리학의 체계 개관(An Outline of a System of Utilitarian Ethics)』이라는 제목의 50쪽 분량의 소책자를 출간했다. 그 당시에 대부분의 철학자들은 도덕 판단이 인지적 가치를 가지는 진술, 달리 말해서 참 또는 거짓을 가릴 수 있는 어떤 것에 관한 진술이라는 견해[인지주의]를 거부하였다. 대신에 그들은 '할 수 있는 한 타인을 도와야 한다.' 또는 '동물에게 잔인한 행동을 하는 것은 그르다'와 같은 진술들을 태도나 감정의 표현으로 보았다[비인지주의]. 이 견해가 철학은 추리와 논증을 다루는 학문이라는 견해와 결합되면, 궁극적인 윤리적 원리에 관해 논의하는 것은 철학의 범위 안에 포함되지 않는다는 함축을 가지게 된다. 그럼에도 불구하고 스마트는 공리주의를 정당화하는 방법을 논의하는 데서 [철학자로서] 자신의 역할을 찾았다. 왜냐하면 그는 도덕 판단이 태도나 감정의 표현에 불과하다고 믿었음에도 불구하고 궁극적 도덕원리에 관하여 철학자로서 말할 것이 있다고 생각했기 때문이다. 그래서 그는 도덕원리가 실제로 정당화될 수 없다고 생각하는 사람도 공리주의자가 될 수 있음을 보여 주었다. 그는 윤리학에서 객관적 진리에 대한 믿음은 더 이상 타당하지 않은 낡은 신념이라고 생각했다. 그렇기 때문에 그는 자신을 '현대의 옷을 입은 시지윅'으로 자처했다.

스마트의 목적은 공리주의가 참이라는 것을 보여 주는 것이 아니라 설득적 형식으로 공리주의를 진술하는 것이다. 어떤 사람들은 '거짓말 하지 마라'와 같은 도덕 규칙을 결과와 상관없이 고수해야 한다고 생각한다. 그런 사람들은 도덕 규칙을 준수할 것이냐 아니면 불필요한 고통을 방지할 것이냐 사이에서 선택에 직면했을 때 규칙 준수를 선택한다. 그렇기 때문에 그들은 무정하다는 비난으로부터 스스로를 변호할 필요가 있다. 게다가 일단 우리가 어떤 도덕원리도 참이거나 거짓이 아니라는 견해를 받아들이면, 이 비공리주의자들은 무정하다는 비난에 대하여, 자신들의 도덕원리가 무정하건 그렇지 않건 그와 무관하게 **참**이기 때문에, 우리가 그 도덕원리를 따라야만 한다고 대응할 수 없게 된다. 만약 우리의 도덕원리가 우리의 태도와 감정을 표현한다면, 규칙의 준수가 무정하게 느껴질 때, 그 감정은 우리가 그 규칙을 거부하는 데 있어 근거로서 충분하다.

이런 식으로 사람들이 공리주의자가 되도록 설득하기 위해서는, 그들이 공리주의자들의 근본적 태도들 가운데 일부를 공유하고 있어야만 한다. 그럴 때에만 이런 식의 설득은 성공할 수 있다. 스마트는 이것을 알고 있었다. 스마트에 의하면, 공리주의자들은 '일반화된 박애(generalized benevolence)'의 감정에 호소해야만 한다. 여기서 '일반화된 박애'의 감정이란 스마트의 표현에 따르면 '모든 인류를 위해 또는 아마도 모든 유정적 존재를 위해 행복 또는 어쨌든 이러저러한 의미에서 좋은 결과를 추구하는' 성향이다. 그러나 이러한 감정이 없다면 윤리적 물음에 관해서 논의하는 것은 아무 쓸모도 없을 것이다. 스마트는 이런 감정이 없는 상황에서 윤리적 물음에 관해서 논의하는 것에 대해서 회의적이다.

헤어의 보편적 규정주의

헤어(R. M. Hare, 1919-2002)는 1966년부터 1983년까지 옥스퍼드 대학교에서 도덕철학 학과장을 역임하였다. 그는 스마트 및 그 시대의 대부분의 다른 도덕철학자들과 마찬가지로 도덕 판단은 참 또는 거짓을 가릴 수 있는 진술이 아니라는 견해를 공유하였다. 그러나 그는 도덕 판단이 태도의 표현이라고 주장하지는 않았다. 대신에 그는 도덕 판단이 일종의 규정(prescription)이라고 생각했다. 규정은 말하는 형식인데, 거기에는 명령문도 포함된다. 규정은 사실을 진술하지는 않으면서도 논리적 규칙의 지배를 받는다. '모든 문을 닫아라'는 어떤 사실도 진술하지 않지만 '뒷문을 열어 두어라'와는 모순된다. 규정이 서로 모순을 일으킬 수 있다는 사실은 규정에 관해서 추리하는 것을 가능하게 한다.

모순을 피하는 것이 도덕에 관해서 우리가 추리할 수 있는 유일한 방법이라면, 공리주의를 지지하는 논증은 불가능할 것이다. 왜냐하면 모순 없는 도덕 이론은 많기 때문이다. 도덕적 추리를 발전시키기 위하여 헤어는 우리가 이미 시지윅의 정의의 원리에서 만난 바 있는 생각(보편화 가능성)에 호소한다. 내가 당신에게 탈세를 해서는 안 된다고 말한다면, 나 역시도 당신과 동일한 상황에 있다면 탈세를 해서는 안 된다고 주장해야만 한다. 나는 내가 탈세를 할 때 이익을 보는 것은 나인 반면에, 당신이 탈세를 할 때 이익을 보는 것은 당신이기 때문에 경우가 다르다고 주장할 수 없다. '나'는 하나의 개체(개인)를 지시한다. 그런데 도덕 판단은 개체에 대한 지시가 아니라 보편적 속성에 기초해야만 한다.

그러므로 스마트와 마찬가지로 헤어도 시지윅을 현대화하고 있다고 말할 수 있을 것이다. 헤어에게 있어서 이것은 시지윅의 정의의 원리를 도덕 언어의 사용에 함축되어 있는 것으로 재해석하는 것을 의미한다. 그에 의하면, 도덕 판단은 보편화 가능해야만 한다. 이 생각은 '남들이 너희에게 해 주기를 바라는 대로 남들에게 하라'는 황금률과 유사하다. 조지 버나드 쇼(George Bernard Shaw)는 풍자적으로 황금률에 대해 반론을 제기했다. '너희는 남들이 너희에게 해 주기를 바라는 대로 남들에게 하지 말라. 그들의 취향은 같지 않을 수도 있기 때문이다.' 이 반론에 대한 헤어의 응답은 이렇다. 보편화 가능성은 우리에게 '우리가 남들의 취향을 가지고 있다고 가정하고, 우리는 남들이 우리에게 해 주기를 바라는 대로 남들에게 해야 한다'고 요구한다.

헤어에 따르면, 보편화 가능성이 의미하는 바는 이렇다. 도덕 언어를 사용한다는 것은, 가상적 경우들을 포함해서, 관련된 점에 있어서 동일한 모든 경우들에 관해서 하나의 도덕 판단을 내리도록 나를 제약하는 것이다. 예를 들어, 어떤 특수한 상황에서 진실을 말하는 것이 나쁜 결과를 가져온다고 할지라도 나는 진실을 말해야 한다는 판단이 있다고 하자. 내가 정말로 이 판단에 동의할 수 있는지를 알아보기 위해서 [보편화 가능성은] 내가 그 상황에서 진실을 말함으로써 영향을 받는 모든 당사자들의 입장에 나 자신을 놓아야만 하고, 또 내가 그들 모두의 삶을 살고 있다고 상상할 것을 요구한다. 그리고 이것은 내가 그 행위에 영향 받는 모든 당사자들의 욕구와 선호에 나 자신의 것과 동일한 비중을 줄 것을 요구한다. 보편화 가능성에 대한 이런 관점에 따르면, 우리가 보편적으로 규정할 수 있는 유일한 도덕 판단은 우리의 행위에 의해 영향 받는 모든 당사자들의 욕구와 선호를 최대한으로 만족시키는 것이다. 이 논증은 지금까지 우리를 공리주의로 이끌어 왔다. 더 구체적으로 말하면, 선호 공리주의로 이끌었다. 선호 공리주의는 행복이나 쾌락의 극대화 대신에 욕구 만족이나 선호 만족의 극대화를 추구한다는 점에서 고전적인 쾌락주의적 공리주의와는 다르다.

헤어와 스마트 모두 신비로운 자명한 도덕적 진리를 언급하지 않아도 되는 것이 그들의 접근법의 장점이라고 생각한다. 스마트는, 그와 같은 신비한 진리가 없다면, 우리는 공리주의가 주관적인 태도에 의존한다는 것을 인정해야만 한다고 생각했다. 이에 반해서 헤어는, 우리가 도덕 언어를 사용하고자 한다면, 유일한 일관된 선택지는 일종의 공리주의라는 것을 증명할 수 있다고 생각했다. 헤어에 의하면, 도덕 언어 안에 함축되어 있는 보편화 가능성 개념은 우리에게 우리의 행위에 의해 영향 받는 모든 당사자들의 선호에 평등한 비중을 주라고 요구한다 — 그리고 오직 그 선호만을 고려해야 한다고 요구한다.

우리는 정말로 이 모든 것이 도덕 언어 안에 함축되어 있다고 주장할 수 있을까? 우리(저자들)는 그렇게 생각하지 않는다. 비록 도덕 언어가 헤어가 주장하는 함축들을 지니고 있다고 할지라도, 그의 논증은 생각보다 많은 성취를 이루지 못할 것이다. 왜냐하면 그의 논증은 동의하지 않는 사람들에게 이런 함축을 지니지 않는 다른 전문적 용어를 만들어 내는 것을 허용할 것이기 때문이다. 헤어도 인정한 바와 같이, 도덕 언어를 사용해야 할 논리적 요구나 도덕적 추리에 따라서 행위해야 할 논리적 요구는 없다. 헤어는 실제로 무도덕주의자(amoralist)가 비일관적이거나 비합리적이라고 주장하지 않는다. 대신에 헤어는 타산적 고려에 호소해서 무도덕주의자가 되지 않을 이유를 제시한다. 무도덕주의에 반대하는 그러한 타산적 이유들이 항상 존재하는지 여부는 개별적인 상황에 달려 있을 것이다.

우리가 지금까지 논의해 온 공리주의자들은 각각의 견해 차이에도 불구하고, 모두 다음과 같은 중요한 점을 공유한다.

- 모든 사람은 하나로 계산되어야 하고 누구도 하나 이상으로 계산되어서는 안 된다는, 밀도 동의한 벤담의 생각
- 우리는 어떤 한 개인의 선을 어떤 다른 사람의 선과 동등한

것으로 간주해야 한다는 시지윅의 요구
- 우리가 선택하는 집단의 모든 성원들에 대해서 공평하도록 요구하는 무지의 입장에서의 하사니의 선택
- 스마트의 '일반화된 박애'의 감정
- 우리의 행위에 의해 영향 받는 당사자 모두의 입장에 우리 자신을 놓아야 한다고 요구하는 도덕 언어에 대한 헤어의 분석

이 철학자들은 모두 황금률의 통찰을 가장 잘 이해하고 적용한 윤리 이론으로 공리주의를 제시한다. 그리고 우리가 생각하기에 그것은 우연이 아니다. 황금률과 유사한 것이, 유대교와 기독교의 전통으로부터 인도와 중국의 전통에 이르기까지, 많은 상이한 문화와 문명에서 윤리의 핵심에 놓여 있다. 공리주의가 동일한 통찰을 함축하고 있다는 것은 공리주의를 옹호하는 또 하나의 논증이다.

그린: 반대 원리의 오류 폭로를 통한 공리주의 옹호 논증

21세기에 새로운 공리주의 지지 논증이 등장하였다. 그것은 우리가 도덕적 의사 결정을 내리는 방법을 연구하는 인지과학에서의 연구 성과에 기초를 둔 것이다. 이 논증은 신중하게 표현될 필요가 있다. 많은 과학자들이 사실에 관한 설명으로부터 가치를 연역하려는 시도를 해왔다. 그러한 시도는 늘 실

패했다. 그러나 철학을 연구한 배경을 지닌 실험심리학자이자 신경과학자인 조슈아 그린(Joshua Greene)은 '존재(이다)'에서 '당위(해야 한다)'를 연역하는 오류를 피하면서도 과학적 연구를 끌어들여서 공리주의 지지 논거를 보강하는 것이 가능하다는 것을 보여 주었다.

그린의 연구는 트롤리 문제로 알려진 일련의 가상 상황에서 시작한다. 첫 번째 사례는 **스위치**(선로 전환기) 사례인데, 열차 선로를 따라 아래로 트롤리가 폭주하고 있다. 당신이 아무것도 하지 않는다면 트롤리는 다섯 명을 치어 죽일 것이다. 다섯 명을 구하기 위해서 당신이 할 수 있는 유일한 것은 스위치를 작동시켜서 측선으로 선로를 전환하는 것이다. 그렇게 되면 측선에 있는 한 사람이 트롤리에 치어 죽게 될 것이다(그림 5 참조). (그 사람들은 모두 낯선 사람들이고, 당신은 그들의 개인 신상에 관해서 아무것도 모르고 있다.) 두 번째 사례는 **육교 사례**이다. 이번에도 트롤리가 폭주하고 있고, 당신이 행동하지 않으면 트롤리는 다섯 명을 죽일 것이다. 그러나 이번에 당신은 선로 위의 육교에 서 있다. 그리고 거기에는 선로 전환기가 없다. 당신은 트롤리 앞의 선로로 뛰어내려 당신 자신의 목숨을 희생함으로써 사람들을 구하는 것에 대해 생각해 본다. 그러나 당신은 트롤리를 멈추기에는 너무 가볍다는 것을 깨닫는다. 그런데 무거운 등가방을 맨 낯선 사람이 당신 옆에서 선로 쪽으로 기댄 채로 서 있다. 다섯 명을 구하기 위하여 당신이 할 수 있는 유일한 일은 그를 육교에서 밀어 트롤리 앞의

68 공리주의 입문

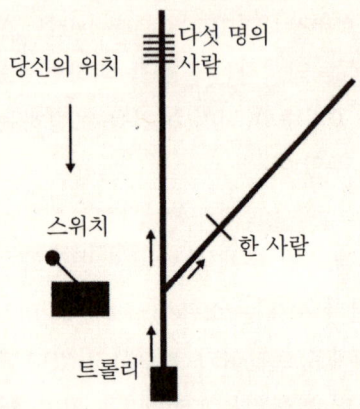

5. 트롤리 문제: 스위치 사례

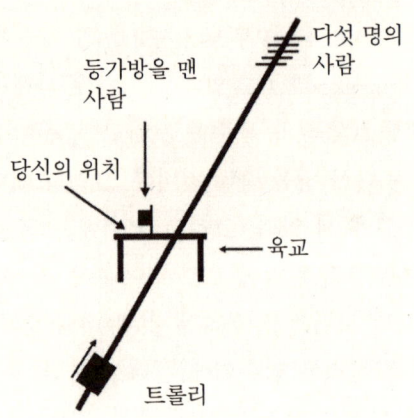

6. 트롤리 문제: 육교 사례

선로 쪽으로 떨어뜨리는 것이다. 그는 죽겠지만 그의 등가방의 무게로 인해서 트롤리는 다섯 명을 치기 전에 멈출 것이다 (그림 6 참조).

대부분의 사람들은 이 사례들에 대해서 스위치를 작동하는 것은 허용 가능하지만 낯선 사람을 밀어 떨어뜨리는 것은 허용 불가능하다고 반응한다. 그러나 두 사례에서 당신은 똑같이 다섯 사람을 살리기 위하여 한 사람을 죽인다. 그런데도 왜 우리는 두 사례에 대해 다르게 반응하는가?

철학자들은 오랫동안 트롤리 문제를 논의해 왔다. 최초에 제시된 그럴듯한 반응은 스위치 사례에서 측선 위에 있는 한 사람의 죽음은 예견되지만 의도되지 않은 것으로서 다섯 명을 구하는 것의 부수적 효과(side-effect)인데 반해서, **육교 사례**에서 당신은 다섯 명을 살리는 하나의 수단으로서 낯선 사람을 죽이려고 의도하고 있다는 것이다. 그러나 이 구분은 유지되기 어렵다. 만약 기적이 일어나서 당신이 트롤리의 경로로 밀어 버린 그 낯선 사람이 충격은 받았지만 살아남고 트롤리가 멈춘다면, 당신은 기뻐할 것이고, 그런 의미에서 그의 죽음 또한 의도된 것이 아니다. 게다가 세 번째 사례인 **환상선 사례**는 부수 효과로서의 죽음과 목적에 대한 수단으로서의 죽음을 구분하는 것이 대다수 사람들이 그 사례를 판단하는 방법에 있어서 결정적인 것이 아니라는 것을 보여 준다. 환상선 사례에서, 당신은 트롤리의 방향을 바꾸기 위하여 스위치를 당길 수 있다. 그러나 이번에는 측선이 환상선으로 되어 있어서 원래의 선로로 되돌아오게 되어 있다. 만약 측선의 선로 위에 잠들어 있는 낯선 사람이 없었다면, 트롤리는 되돌아와서 그대로 다섯 명을 치여 죽였을 것이다. 트롤리는 [잠들어 있는] 그 사람을 칠 것이고, 그 사람은 죽겠지만, 그의 몸이 트롤리가 앞으로 나아가는 것을 막아서 다섯 명은 살게 될 것이다(그림 7 참조).

그러므로 환상선 사례에서 선로 위의 낯선 사람은 육교 사례에서처럼 단순한 부수 효과로서가 아니라 목적에 대한 하나의 수단으로 사용되고 있다. 그러나 대부분의 사람들은 **환상선 사례**에 대해서 **육교 사례**가 아니라 스위치 사례와 동일한

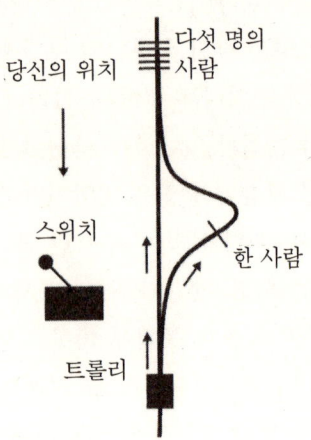

7. 트롤리 문제: 환상선 사례

방식으로 반응한다.

철학자들은 늘 그렇듯이 트롤리 문제를 철학적 난제로 간주하면서 우리의 명백하게 상충하는 직관들을 정당화해 줄 이론을 만들어 냄으로써 그것을 해결할 수 있다고 믿는다. 그린은 우리가 이런 직관들을 가지는 이유를 이해하고자 했다. 그는 기능성 자기 공명 영상 장치(fMRI)가 작동 중인 가운데 사람들에게 스위치 사례와 육교 사례에 응답하도록 했다. 그것은 사람들이 대답하는 동안 뇌의 어떤 부분이 활성화되는지를 보여 주었다. 스위치 사례에서는 전형적으로 인지와 관련된 뇌의 영역이 더 활성화되었다. 이에 비해서 육교 사례에서는 감정과 관련된 뇌의 영역이 더 활성화되었다. 그린은 이에 대해 육교 사례가 손을 사용한 물리적 폭력과 관계가 있는데 비해서, 스위치 사례는 그렇지 않기 때문이라고 생각했다. 지난 10년 동안, 여러 가지 다른 방법을 사용한 연구가 트롤리 사례에 관한 구체적 발견들뿐만 아니라 도덕적 의사 결정에 관한 하나의 일반적 견해를 지지해 주고 있다. 이 도덕적 의사 결정론은 우리가 다양한 종류의 의사 결정을 어떻게 내리는지를 설명하는 더 광범위한 의사 결정 이론의 일부이다. 더 광범위한 이 의사 결정 이론은 이중 과정 이론(dual process theory)이다.

그린은 우리에게 친숙한 카메라 장치를 들어서 이중 과정 이론을 설명한다. 카메라는 자동적인 '간편(point and shoot)' 모드와 수동 모드를 가지고 있다. 일상적인 상황에서 사진을 찍는 경우, '간편' 모드는 신속하고 편리하다. 또 시간도 없고 특별한 전문 기술이 없는 사람은 수동 모드를 조작해서 사진을 찍는 것보다 '간편' 모드를 사용하는 것이 일반적으로 더 좋은 결과를 얻는다. 그러나 빛이 이상하다든가 또는 특수 효과를 내려고 하는 경우처럼, 특별한 여건에서는 환경 설정을 스스로 조정하는 것이 더 나을 수 있다. 또 이렇게 해서 최선의 결과를 얻으려면 시간이 걸린다. 그린은 도덕적 사유도 이와 같다는 것을 발견했다. 우리는 보통의 상황에서는 매우 신속하게 감정에 기초해서 반응한다 — 우리는 그런 반응들을 '직감적 반응(gut reaction)' 또는 '혐오 반응(yuck response)'이라고 생각한다. 예를 들어, 육교 사례에서 우리들 대부분은 낯선 사람을 밀어서 죽이는 것에 대해 강한 반감의 직감적 반응을 보인다. 우리는 그것에 관해서 생각할 필요가 없다. 우리는 그것이 그르다는 것을 바로 직관한다. 그 반응은 우리 조상들이 높은 수준의 내집단 폭력을 감내할 수 없는 소규모 대면 집단에서 살아온 수백만 년 동안에 진화해 왔을 가능성이 크다. (집단 간 폭력은 다른 문제이다. 그런 폭력은 일상적으로 발생하는 것이 아니다.) 반면에, 트롤리의 방향을 바꾸기 위하여 스위치를 사용하는 경우에 대해서 우리는 유사한 감정적 반응을 하지 않는다. 스위치와 트롤리는 우리의 진화적 역사에서 아무 역할도 하지 않은 최근의 발명품이다. 어떤 자동적 반응도 없기 때문에 우리는 결과를 계산한다. 그리고 우리들 대부분은 하나보다는 다섯을 구하는 것이 더 낫다고 결론을 내린다.

직접적인 인신적 힘(personal force)의 적용이 **스위치 사례**와 **육교 사례**에서 우리가 다른 도덕 판단을 내리는 데 있어서 결정적 역할을 한다는 가설을 시험하기 위하여 그린은 원거리 육교 사례(그림 8)라는 새로운 상황을 고안하였다. 이번에도 트롤리는 폭주하고 육교에는 낯선 사람이 서 있다. 그러나 이번에 당신은 육교에 있지 않다. 대신에 당신은 낯선 사람이 서 있는 곳의 낙하문을 열 수 있는 스위치 옆에 서 있다. 당신이 낙하문을 열면, 낯선 사람은 선로 위로 떨어져서 죽지만 다섯 명을 구하게 된다.

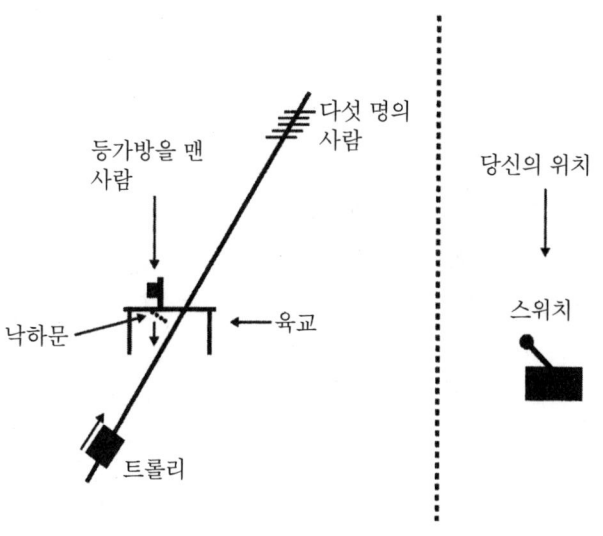

8. 트롤리 문제: 원거리 육교 사례

원거리 육교 사례에서 육교에 있는 낯선 사람의 죽음을 초래하는 것이 허용 가능하다고 응답한 사람의 비율은 **육교 사례**에서보다 (63% 대 31%로) 두 배 이상 많았다.

이 예는 과학적 증거가 우리의 도덕 판단에 영향을 줄 수 있는 한 가지 방법을 보여 준다. 육교 사례가 제시되었을 때, 대다수 사람들은 낯선 사람을 떠미는 것은 그르다고 생각한다. (육교 사례를 먼저 제시하지 않고) **원거리 육교 사례**가 제시되었을 때, 대다수 사람들은 낙하문을 여는 스위치를 작동하는 것이 허용 가능하다고 생각한다. 당신은 이 반응 차이에 관해서 어떻게 생각하는가? 트롤리가 육교 밑을 지나가기 직전에 낯선 사람을 선로로 떨어뜨리는 수단의 차이가 그를 죽이는 것이 그른지 여부의 판단에 결정적인 차이를 만든다는 데 당신은 동의하는가? 만약 당신이 우리처럼 그 낯선 사람을 죽이는 수단에서의 차이가 그를 죽이는 것의 그름에 그와 같은 차이를 만들지 않을 것이라고 생각한다면, 당신은 이미 하나의 도덕 판단을 하고 있는 것이다. 즉, 우리는 낯선 사람을 육교에서 밀어서 떨어뜨리는 것은 그르다고 생각하면서 동시에 그 사람을 선로로 떨어지게 만들 낙하문을 여는 스위치를 작동하는 것은 그르지 않다고 생각해서는 안 된다. 이 도덕 판단에, **육교 사례와 원거리 육교 사례**에서 많은 사람들의 판단이 스위치의 사례와는 달리 직접적인 인신적 힘의 사용에 의해 영향받는다는 정보가 더해지면, 우리는 이제 많은 사람들이 트롤리 문제의 사례들을 판단하면서 [도덕과] 무관한 요소에 반응한다고 결론을 내릴 수 있게 된다.

[도덕과] 무관한 그 요소는 무엇인가? 그것은 사람들이 인신적 힘의 사용에 너무 민감하다는 것일 수도 있고, 아니면 사람들이 스위치를 움직여서 해를 끼치는 것에 충분히 민감하지 않다는 것일 수도 있다. 이 둘 중에 어떤 것이 무관한 요소인지를 결정할 수 있는가? 우리는 이미 우리의 판단들 가운데 일부는 자동적 반응에 의해서 이루어지고, 다른 것들은 도덕원리의 의식적 적용에 의해서 이루어진다는 것을 알고 있다. 우리는 곧장 자동 반응에서 나오는 판단들을 신뢰해서는 안 된다고 결론을 내릴 수도 있을 것이다. [그러나] 그런에 의하면, 그것은 너무 성급한 결론이다. 우리의 자동 반응들 가운데 일부는 수천 년 동안의 시행착오를 거쳐서 시험되고 건전한 것으로 증명된 것일지도 모른다. [만약 그렇다면] 우리는 의식적 사유 과정에 의존하는 것보다 자동 반응에 의존하는 것이 더 나을 수도 있을 것이다. 그러나 우리가 수천 년 동안의 시행착오 과정을 거쳐서 자동적 반응들을 발전시킬 수 없었던 상황에서 도덕 판단을 내릴 때는 그럴 가능성이 거의 없다. 예를 들어, 성도덕은 강력한 자동 반응들을 촉발하는 행동 영역이다. 그러나 이런 자동 반응들은 믿을 만한 피임 수단이 존재하지 않았던 시대에서 유래한 것이다. 성인인 남매가 피임을 하면서 성관계를 가지는 것은 그른가? 많은 나라에서 성인 남매 사이의 근친상간은 정신적으로 결정권이 있는 두 성인들 간의 자발적인 성관계 가운데서 감옥에 갈 수도 있는 유일

한 것이다. 그렇다고 우리가 성인 남매간의 근친상간에 대해서 적대감을 가지는 이유가 [그것이] 기형아 출산의 위험을 높인다는 숙고된 판단 때문인 것 같지도 않다. 왜냐하면 법률과 여론 그 어느 것도 아이를 임신할 가능성이 있는 상황과 그럴 가능성이 없는 상황을 구별하지 않기 때문이다. 모든 종류의 근친상간에 대한 널리 퍼져 있는 적대감은 성관계가 임신으로 이어질 가능성이 큰 시대에 발달된 하나의 자동적 반응일 가능성이 매우 크다. 만약 그렇다면, 우리는 임신을 방지할 믿을 만한 수단을 사용하는 성인 남매에게 적용할 때 근친상간에 대한 적대감을 믿을 만한 지침으로 생각해서는 안 된다.

우리의 직관적인 윤리적 판단은 그것들이 진화해 온 환경과는 다른 환경에 적용될 때 특별히 엄밀한 검사를 받을 필요가 있다. 그러나 환경이 변화하지 않았을 때조차도 우리의 자동적 반응들은 종종 우리를 잘못된 방향으로 이끈다. 결국 진화는 도덕적 지식이나 가능한 최고 수준의 행복을 선택하는 것이 아니라 생식 적응도(reproductive fitness)[2]를 선택한다. 자위, 구강성교, 동성애처럼 생식과 무관한 성행위를 제재하는 집단은 그러한 태도를 가지지 않는 다른 집단보다 더 높은 출산율과 더 빠른 성장을 보일 것이다. 그렇다고 그러한 제재들이 도덕적으로 정당화된다는 뜻은 아니다.

---

[2] 생식 적응도란 개체와 그 개체의 유전적 친족이 생식에 성공한 정도, 즉 생식 성공의 지수를 의미한다: 옮긴이.

카메라의 비유를 다시 들자면, 우리의 자동적 반응들을 따르는 것이 최선이 아니라고 생각할 만한 이유가 없는 한, 우리는 자동적 반응을 따르는 것이 최선이라고 결론 내리는 것이 합당할 것이다. 만약 그런 이유가 있다면 우리는 무엇을 해야 할지를 알아내기 위하여 의식적 추론을 사용해야 한다.

그러면 의식적 추론은 우리를 어디로 이끌 것인가? 그것은 최선의 결과를 가져오는 것을 해야 한다는 [결과주의] 쪽으로 우리를 이끌 것인가? 아니면 결과와 관계없이 특정 행동들을 금지하는 [비결과주의적] 견해로 이끌 것인가? 그린은 일부 도덕철학자들이 자신들의 비결과주의적 견해를 옹호하기 위하여 매우 의식적인 추리를 한다는 사실을 인정한다. 그러나 그린은 그 철학자들이 자신들이 이미 가지고 있는 직관들을 합리화(rationalization)하고 있다고 주장한다. 우리가 방금 살펴본 바와 같이, 사회들이 자위에 대한 부정적인 자동 반응을 발달시킨 데는 진화적 이유가 있다. 그린의 논의에 따르면, 칸트 역시 이런 반응을 공유한다. 그러나 그는 행위를 그르게 만드는 것이 무엇인지에 관해 고유한 이론을 가진 철학자였다. 그렇기 때문에 그는 자신의 반응에 이유를 제시해야만 했다. 그래서 그는 자위가 자기 자신을 수단으로 이용하기 때문에 그르다는 논변을 전개한다. 오늘날 대부분의 사람들은 이러한 논변에 대해서 실소를 금치 못할 것이다. 칸트가 살았던 기독교 문화에서 자위가 그른 것으로 간주되었다는 사실과 무관하게 그가 이런 결론에 이르렀다고 믿기는 어렵다.

그린은 유사한 형식으로 '직관을 좇는 것(intuition chasing)'이 많은 비결과주의적 도덕 추리의 특징이라는 증거를 제시한다. 예를 들어, 사람들이 처벌에 관한 자신들의 견해에 관해 질문을 받을 때, 그들의 판단은 전형적으로 처벌의 주요 동기가 억지나 개혁보다는 보복임을 보여 주는 유형을 따른다. 그 증거는 더 엄격하고 보복적인 처벌을 지지하는 사람들이 응답하기 전에 추리를 진행할 가능성이 더 낮다는 것을 보여 준다. 그러므로 처벌에 대한 정당화로서 보복주의를 옹호하는 비결과주의적 철학자들은 단지 자신의 직관을 합리화하고 있다고 믿는 것이 타당하다.

그린의 논증은 도덕 이론의 정당화 모델로서 롤스의 반성적 평형 모델에 의문을 제기할 이유를 제공해 준다. 롤스는 이론과 자료가 정합적이어야 한다는 점에서 도덕 이론과 과학 이론은 유사하다고 주장한다. 과학에서 자료는 실험의 결과일 것이다. 만약 우리가 실험 결과의 모두는 아니라고 해도 그 대부분을 설명하는 아주 강력한 이론을 가지고 있다면, 우리는 그 이론과 일치하지 않는 실험 결과들을 더 면밀하게 검토하려고 할 것이다. 그리고 아마도 우리는 오류를 야기한 알려지지 않은 요소들이 있음에 틀림이 없다는 근거를 들어서 그 결과들을 평가절하 할 것이다. 롤스에 따르면, 윤리학에서 자료는 우리의 직관적인 도덕 판단들이다. 그리고 그 직관적인 도덕 판단들은 숙고를 거치고, 그것들 가운데 일부가 왜 믿을 수 없는지에 대한 설명에 비추어서 수정을 거친 이후에 내려진 것들이다. 윤리학에서도 우리는 신빙성 있는 윤리 이론을 이용해서 일부 직관적 판단들에 대한 우리의 견해를 바꿀 수 있다. 또한 우리는 이론으로 되돌아가서 우리가 존중하는 숙고된 도덕 판단들과 더 정합적이 되도록 이론을 수정할 수 있다. 이런 성찰을 거친 후에 우리는 마침내 이론과 우리의 숙고된 판단 간의 평형에 이르게 된다. 그리고 그것이 그 이론에 대한 가능한 최상의 정당화로 여겨진다.

그러나 만약 그린이 옳다면, 도덕 이론은 우리의 직관과 정합적인지에 의해서 판단되어서는 안 된다. 왜냐하면 직관들 가운데 많은 것들이 오늘날 우리가 직면하는 상황들과는 더 이상 관련성이 없는 자동적인 도덕적 반응들이기 때문이다. 적어도 반성적 평형 모델은 확대될 필요가 있다. 최소한 그것은 우리의 도덕적 직관들 가운데 어떤 것이 우리가 무엇을 해야 하는가에 대한 건전한 지침으로서 사용되기 어려운 환경에서 진화되어 왔는지를 보여 주는 연구들을 고려하도록 확대되어야 할 것이다. 그렇게 되면, 우리는 어떤 도덕 이론을 정당화하려고 할 때 그러한 직관들을 무시할 것이다. 그러나 반성적 평형이 이러한 발견들에 의해서도 온전히 유지되는 직관들에 의존한다면, 반성적 평형과 그것의 주요 대안인 토대주의 사이의 차이는 줄어들 것이고, 아마도 사라질 것이다.

그린의 작업은 결과주의의 수용을 가로막는 장애물을 제거한다. 감정에 기초한 자동 반응들을 거부하고, 그 자동 반응들을 지지하기 위하여 철학자들이 사용한 합리화를 거부하고 나면, 결과주의가 사용 가능한 최선의 대안으로 남는다. 그린의 표현대로 '우리가 결과를 전반적으로 더 좋게 만들기 위해서 노력해야 한다는 생각은 모든 사람에게 도덕적 의의를 갖는다.' 그러나 이에 대해서 결과주의가 도덕적 의의를 갖는다는 이 생각 자체도 역시 하나의 직관이 아니냐는 반론이 제기될 수도 있다. 만약 그렇다면, 그것 역시 그린이 다른 직관들에 대해서 전개한 것과 동일한 종류의 폭로적 비판에 노출되는 것이 아닌가?

우리는 그린이 기술하고 폭로한 종류의 자동적인 감정 반응과 시지윅이 논의한 바 있는 공리주의로 이끄는 직관들 ― 철학적 직관들 ― 을 구별할 수 있다고 생각한다. 이 점에서 우리는 다른 책보다 상세하게 전개한 논증을 덧붙임으로써 결과주의를 지지하는 그린의 논거를 강화할 수 있다. 우리가 이미 살펴보았듯이, 시지윅의 보편적 박애의 원리는 우리에게 다른 모든 사람의 동일한 이익보다 우리 자신의 이익에 더 많은 비중을 주어서는 안 된다고 요구한다. 그러한 원리는 진화 과정에서 선택되지 못했을 가능성이 크다. 반대로, 그러한 원리는 진화가 선택에서 배제할 것으로 생각되는 바로 그런 종류의 원리이다. 왜냐하면 진화는 우리 자신, 우리의 친족, 우리와 호혜적인 관계를 맺고 있는 사람들, 그리고 아마도 우리가 속한 소규모 부족이나 사회 집단의 다른 구성원들에게 이익을 주는 원리들을 선택하기 때문이다. 우리가 속한 사회 집단 내에서의 호혜성과 신뢰의 필요성은 당연히 공정성의 감각의 진화로 이어질 것이다. 그러나 그러한 감각을 우리가 속한 집단의 범위를 넘어서 확대하고자 하는 충동이 자동적 반응으로 진화될 가능성은 거의 없다. 오히려 우리의 추리 — 이성 — 능력을 사용하라고 요구할 가능성이 더 크다. 물론 우리의 추리 능력은 진화의 산물이다. 그것은 우리의 생존과 생식 전망을 향상시킨다. 그러나 그와 더불어 추리 능력은 고등 수학을 하는 능력과 같이 진화적 적응도와는 아무 관련이 없는 것들을 이해하는 능력을 발전시킨다. 아마도 그것은 또한 우리와 똑같이 삶을 즐기고 고통을 경험할 수 있는 다른 존재들의 이익보다 우리 자신의 이익이 더 중요한 것은 아니라는 것을 이해하는 능력도 발전시킬 것이다. 만약 이것이 옳다면, 시지윅의 박애의 원리의 합리적 기초는 진화적 폭로 논증의 비판으로부터 벗어나게 된다. 그리고 진화적 폭로 논증들이 비결과주의적 직관들을 수용하는 근거들을 무너뜨릴 때에도 그것은 건재할 수 있다.

3장:
우리는 무엇을 극대화해야 하는가?

고전적 견해

공리주의는 일종의 결과주의, 즉 옳은 행위는 최선의 결과를 낳는 행위라고 보는 이론이다. 그러나 우리는 '최선의 결과'를 어떻게 이해해야 하는가? 벤담, 밀, 시지윅은 쾌락주의자였다. 그들은 긍정적인 본래적 가치(intrinsic value)[1]를 가지

---

1. 'intrinsic value'는 우리말로 '내재적 가치'로 옮길 수도 있고 '본래적 가치'로 옮길 수도 있다. 어떤 번역어가 더 적절한가는 맥락과 상대 개념에 따라서 결정된다. 'intrinsic value'의 상대 개념으로 'extrinsic value'가 사용될 경우에는 각각 어원적 의미를 살려서 '내재적 가치'와 '외재적 가치'로 번역하는 것이 적절하다. 이 경우에 '내재적 가치'는 '어떤 존재에 내재하는 자신의 고유한 가치' 또는 '자신의 실존에 스스로 부여하는 가치'를 의미하고, '외재적 가치'는 자기 자신의 고유한 가치를 가지지 않거나 스스로 가치를 부여할 수 없어서 '외부에서 부여되는 가치'를 의미한다. 이에 반해서 'intrinsic value'의 상대 개념으로 'instrumental value'가 사용될 경우에는 각각 '본래적 가치'와 '도구적 가치'로 번역하는 것이 적절하다. 이 경우에 '본래적 가치'는 '다른 어떤 것을 위해서가 아니라 그 자체로 가지는 가치'를 의미하고, '도구적 가치'는 '다른 어떤 것을 위한 수단으로서 가지는 가치'를 의미한다. 이 책에서 저자들은 'intrinsic value'를 일관되게 'instrumental value'의 상대 개념으로 사용하고 있기 때문에 'intrinsic

는 유일한 것은 쾌락 또는 행복이고, 부정적인 본래적 가치를 가지는 유일한 것은 고통 또는 괴로움이라고 주장한다. 고통이 부정적인 본래적 가치를 가진다는 것이 고통의 결과로서 좋은 것이 나올 수 있음을 부정하는 것은 아니다. 부정적인 본래적 가치를 가지는 것들도 여전히 긍정적인 도구적 가치(instrumental value)를 가질 수 있다 — 이 점이 니체가 공리주의에 대한 비판적 논평에서 놓쳤던 것으로 보인다. 1장에서 살펴본 바와 같이, 쾌락이 본래적 가치를 가지는 유일한 것이라는 견해는 공리주의자들이 처음 주장한 것은 아니다. 그것은 에피쿠로스까지 거슬러 올라간다. 에피쿠로스주의의 전통은 로마 시대에도 영향력이 지속되었다. 그 후 기독교가 지배하게 되면서 이후 1,500년 동안 쾌락이 유일한 본래적 선(intrinsic good)이라는 생각은 쇠퇴하였다.

쾌락이 유일한 본래적 선이라는 견해는 늘 반론에 직면해 왔다. 플라톤과 아리스토텔레스는 모든 쾌락이 선한(좋은) 것인지, 아니면 '고귀한' 쾌락만이 선한(좋은) 것인지 의문을 제시하였다. 로마 시대까지 거슬러 올라가는, 아마도 가장 잘 알려진 반론은, 쾌락을 유일한 본래적 선으로 간주하는 것은 '돼지에게나 어울리는' 학설을 지지하는 것이라는 반론이다. 돼지가 즐길 수 있는 종류의 쾌락 — 예를 들어 먹고 성행위하는 데서 얻는 쾌락 — 은 우리가 문학작품을 읽거나 오페라를

---

value'를 '본래적 가치'로 번역하였다: 옮긴이.

듣는 데서 얻는 쾌락과 동일한 가치를 가질 수 없다는 견해는 많은 사람들에게 직관적으로 믿을 만한 것으로 여겨진다. 쾌락주의를 되살리는 데 주도적 역할을 해온 옥스퍼드 대학교의 현대 철학자인 로저 크리스프(Roger Crisp)는 [돼지보다] 계통수의 훨씬 아래까지 내려가서 다음과 같이 상상해 볼 것을 요구한다. 매우 제한적 쾌락을 무한히 경험하는 불멸의 굴의 삶과 77세까지밖에 못 살지만 다양한 강도의 다채로운 쾌락을 경험하는 작곡가 하이든(Joseph Haydn)의 삶 사이에서 우리는 무엇을 선택할 것인가? 굴의 삶은 무한하기 때문에 하이든의 유한한 삶보다 더 큰 쾌락의 총합을 가져온다. 그러나 당신은 기꺼이 굴의 삶을 선택할 것인가?

'돼지의 철학' 반론에 대한 밀의 대응은 쾌락을 평가함에 있어서 양뿐만 아니라 질도 고려해야 한다는 것이다. 밀의 논의에 의하면, 만약 '두 종류의 쾌락을 경험한 모든 또는 거의 모든 사람이' 한 종류의 쾌락의 양이 아무리 많다고 하더라도 그것을 위해서 다른 종류의 쾌락을 포기하지 않을 만큼 그 다른 쾌락을 결정적으로 선호한다면, 그 쾌락은 질적으로 우월하다. 이런 이유에서 그는 '만족한 돼지보다는 불만족한 인간이 더 낫고, 만족한 바보보다는 불만족한 소크라테스가 더 낫다'고 주장한다.

밀의 질적 쾌락론에 관해서는 많은 논의가 이루어져 왔다. 그러나 그 대부분은 밀에 대해 비판적이다. 중요한 반론은 이렇다. 우리가 질에 기초해서 쾌락들을 구분하고, 예를 들어 오페라에 가는 것이 축구 시합을 보는 것보다 질적으로 더 좋은 쾌락을 준다고 말한다면, 우리는 쾌락과 구별되는 세련됨, 지적임, 고귀함과 같은 가치를 끌어들이게 된다. 그리고 그렇게 되면 우리가 극대화할 가치로서 간주하는 것은 더 이상 쾌락이 아니라 다른 어떤 것 또는 잘해야 쾌락과 결합된 어떤 다른 가치이다. 만약 이것이 정말로 밀이 주장한 것이라면, 그는 쾌락주의를 포기한 것이다.

그러므로 우리는 하나의 선택에 직면한다. 우리는 쾌락을 유일한 본래적 선으로 간주하고, 축구가 오페라보다 더 많은 즐거움을 준다면 축구를 보면서 세련됨과 다른 가치들에 관해서는 잊을 수 있다. 만약 우리가 돼지처럼 진흙에서 뒹구는 데서 쾌락을 극대화할 수 있는 것으로 밝혀진다면, 진흙을 가지고 놀게 하라. 그리고 벤담이 언급한 단순한 압정 놀이가 시만큼 좋고 쾌락의 양이 동일하다면, 압정 놀이 역시 즐기게 하라. 이에 대한 대안은 더 세련되고 더 지적이며 더 고귀한 좋은 것들을 그것들이 그 자체로 본래적 가치를 가진다는 이유에서 선택하는 것이다. 그리고 이것은 쾌락만이 유일한 본래적 선이 아니라는 것을 의미한다. 우리는 지식, 아름다움, 진리와 같은 다른 본래적 선들을 포함하는 다원주의적 결과주의를 지지하는 논증을 다룰 때 이와 유사한 견해를 다룰 것이다(그림 9 참조).

9. 쾌락주의가 주장하는 유일한 본래적 가치의 한 예

경험 기계

1974년에 미국 철학자 로버트 노직(Robert Nozick)은 이 논쟁에 새로운 논증을 도입했다. 이 논증은 우리가 의식적 경험이 아닌(그러므로 당연히 쾌락이 아닌) 다른 것들에 가치를 부여한다는 것을 보여 줄 목적으로 기획된 것이다. 그 논증은 다음과 같다.

당신이 바라는 모든 경험을 제공해 주는 경험 기계가 있다고 가정해 보자. 뛰어난 신경 심리학자들이 당신의 뇌를 자극해서 당신은 위대한 소설을 쓰거나 친구를 사귀거나 재미있는 책을 읽고 있다고 생각하고 느끼게 된다. 그동안에 당신은 머리에 전극을 부착한 채로 수조 안에 떠 있다. 당신은 당신의 욕망이 미리 프로그램 되어 있는 이 경험 기계 안으로 들어가서 일생을 보낼 것인가?

경험 기계에 들어가는 것이 이기적인 일이라는 반론을 방지하기 위하여, 노직은 원하는 사람은 누구나 경험 기계에 들어갈 수 있다고 덧붙인다. 그리고 모두가 경험 기계 안에 들어가면 누가 그 기계를 관리할 것인가와 같은 문제는 무시하라고 말한다. 그러면서 그는 우리에게 묻는다. '당신이라면 경험 기계 안으로 들어갈 것인가? 우리의 삶이 내부에서 어떻게 느끼느냐 하는 것[심리 상태 또는 의식 상태] 외에도 우리에게 중요한 것이 있을 수 있는가?'

노직은 우리가 경험 기계 안에 들어가지 않을 것이라고 가정하고, '우리의 삶이 내부에서 어떻게 느끼느냐' 말고도 우리에게 중요한 다른 것들이 있다는 것을 보여 주기 위하여 이것을 끌어들인다. 만약 우리에게 중요한 다른 것들이 있다면, 밀의 논증, 즉 '두 가지를 모두 경험'한 사람들의 선호 논증은 쾌락주의를 변호하는 데 충분하지 않다. 왜냐하면 경험 기계는 당신에게 돼지와 바보의 경험뿐만 아니라 소크라테스의 경험도 제공해 주기 때문이다. 그러나 우리는 실제로 소크라테스가 아니며, 우리가 아테네 사람들에게 반성적으로 검토하는 삶을 살라고 촉구했다는 우리의 믿음은 환상에 불과하다. 만약 쾌락이 본래적 가치를 지닌 유일한 것이라면 이것은 중요하지 않을 것이다. 왜냐하면 우리의 쾌락적 경험의 가치는 그것이 실재하는 현실에 기초하는지 아니면 우리가 수조 안에 떠 있는 동안에 우리의 뇌 안에 심어져 있는 전극에 기초하는지에 의존하지 않을 것이기 때문이다. 그러나 우리는 우리의 삶과 우리의 성취가 실재하는 현실이기를 원하는 것처럼 보인다. 우리가 에베레스트 산을 오르기를 원한다면, 우리는 단순히 수조 안에 떠 있으면서 세계 최고봉에 오르는 경험을 가지기를 원하는 것이 아니다. 우리는 실제로 세계 최고봉에 오르기를 원하는 것이다. 비록 우리의 경험이 우리가 에베레스트 산을 오른다면 가지게 되는 경험과 정확히 똑같은 경험이라고 할지라도 그렇다. 마찬가지로, 우리는 우리를 좋아하는 친구를 실제로 가지기를 원하는 것이지, 단순히 우리를 좋아하는 친구를 가지는 경험과 정확히 똑같은 경험을 가지기를 원하는 것이 아니다.

많은 사람들이 노직의 사고 실험은 쾌락주의와 오직 의식의 상태 또는 심리 상태만이 본래적 가치를 가진다는 이론에 대한 치명적인 반론이라고 생각한다. 이 반론에 대한 대안은 무엇인가?

선호 공리주의

경제학과 공리주의는 양자 모두 공리(효용)에 관심을 가진다.

20세기 초에 경제학자들은 고전적 공리주의자들과는 아주 다른 방식으로 공리에 대한 이해를 발전시켰다. 그 당시에 경제학자들은 경제학을 하나의 과학으로 정립하는 데 열심이었다. 그런데 그들은 쾌락과 고통 같은 마음의 상태를 관찰하거나 측정할 수 없다는 사실 때문에 애를 먹었다. 그래서 그들은 관찰 가능한 행태(행동)에 초점을 맞추기 시작했다. 만약 내가 1달러를 가지고 있고 그것으로 사과 한 개나 오렌지 한 개를 살 수 있는데 내가 오렌지를 선택한다면, 그것은 오렌지에 대한 나의 선호를 드러내는 것이다. 그리고 아마도 오렌지를 사는 것이 사과를 사는 것보다 나의 공리를 더 증가시킬 것이다. 그런데 사과와 오렌지의 가격이 변해서 1달러로 사과 두 개와 오렌지 한 개를 살 수 있는데 이번에는 내가 두 개의 사과를 산다면, 이것은 나의 공리가 오렌지 한 개보다 사과 두 개에 의해서 증가했음을 보여 준다. 이것은 내가 한 개의 오렌지보다 두 개의 사과에서 더 많은 쾌락을 얻을 것이라는 예측이 아니다. 내가 나의 선택에서 더 많은 쾌락을 얻느냐 그렇지 않느냐는 경제학자들에게는 중요하지 않다. 선택의 순간에 나의 선호 서열을 드러내는 것은 선택 그 자체이다. 그리고 내가 선호하는 것을 얻는 것이 나의 공리이다. 공리에 대한 이 새로운 이해는 경제학을 과학과 좀 더 유사하게 만드는 장점이 있다. 여기에 덧붙여서 경제학이 선의의 간섭주의(paternalism)라는 의혹을 피할 수 있는 부가적 장점이 있다. 경제학자들에 의하면, 경제학은 사람들에게 무엇이 선인지를 알려 주는 학문이 아니라, 사람들이 자신들이 선택한 것들에서 더 많은 것을 얻도록 해 주는 학문이다.

경제학의 공리 개념은 선호 공리주의에서 사용되는 공리 개념에 가깝다. 선호 공리주의에 따르면, 옳은 행위는 우리의 행위에 영향 받는 모든 사람들의 선호를 전반적으로 가장 많이 만족시키는 행위이다. (양자의 공리관이 동일한 것은 아니다. 왜냐하면 선호 공리주의는 사람들의 선호 강도처럼 관찰 불가능한 것에 대해서 말하기 때문이다. 그래서 선호 공리주의는 관찰 가능한 선택들을 사람들의 진정한 선호를 드러내는 것으로 간주할 필요가 없다.) 2장에서 살펴본 것처럼, 헤어는 객관적인 도덕적 진리에 관한 주장 — 그는 이런 주장을 신비한 것으로 간주한다 — 을 피하기 위하여 선호 공리주의로 나아갔다. 헤어는 도덕 판단을 우리가 기꺼이 보편화하고자 하는 규정으로 본다. 그리고 우리의 규정들은 욕구나 선호에 기초를 두고 있다. 이 책의 공저자 가운데 한 사람인 피터 싱어(Peter Singer) 역시 한때 객관적인 도덕적 진리가 존재한다는 생각에 대하여 매우 회의적이었다. 그래서 선호 공리주의를 적어도 '하나의 출발점'으로 받아들였다. 왜냐하면 우리가 우리 자신의 욕구나 선호에 관해서 내리는 결정들을 보편화하기만 하면 쉽게 선호 공리주의에 도달할 수 있기 때문이다.

쾌락주의와는 달리 선호 공리주의는 경험 기계 반론에 취약하지 않다. 만약 내가 에베레스트 산 등정을 원한다면 경험 기계는 나의 욕구를 만족시켜 줄 수 없다. 그것은 단지 내가 나의 욕구가 만족되었다고 생각하도록 나를 기만할 수 있을 뿐이다. 그것은 내가 원하는 것이 아니다. 물론 나는 단순히 내가 에베레스트를 등정한다면 하게 될 경험과 동일한 경험만을 바랄 수도 있을 것이다. 그러나 우리 대부분이 마지못해서 경험 기계에 들어간다는 노직의 추측이 옳다면, 그것은 우리 대다수가 경험 이상의 것을 원한다는 것을 암시한다. 우리는 우리의 경험이 실재이기를 원한다.

선호 공리주의 역시 행복의 극대화를 추구하는 공리주의이다. 여기서 행복은 선호의 강도에 따라 그 비중이 정해지는 우리 선호의 최대 만족을 의미한다. 행복에 대한 이러한 설명은 경험 기계의 문제를 극복한다. 하지만 그것은 그 자체의 문제를 안고 있다.

데릭 파핏이 제시한 '이타적인 마약 공급자'의 예를 살펴보자. 어떤 이타적인 마약 공급자가 사람들을 특정 마약에 중독되도록 만든다. 그는 사람들의 마약에 대한 강력한 욕구를 충족시킬 능력이 있고 또 그 사람들에게 전 생애에 걸쳐서 무료로 마약을 공급할 의사가 있다. 그 마약은 쾌락도 주지 않지만, 약에 대한 욕구만 제때에 충족시키면 해도 없다. 선호 공리주의에 따르면, 이타적인 마약 공급자는 자신이 중독시킨 사람들을 돕고 있는 것이다. 그러나 누가 이런 식으로 도움 받기를 원하겠는가? 이런 함축을 피하기 위하여 선호 공리주의자들은 우리를 이롭게 하는 것으로 간주되는 욕구 만족을 이미 존재하는 욕구의 만족으로 제한할 수 있다. 그러나 그것은 또 다른 문제를 일으킨다. 내가 당신에게 제인 오스틴의 소설 『설득(*Persuasion*)』을 한 권 줌으로써 당신에게 『오만과 편견(*Pride and Prejudice*)』을 읽고자 하는 욕구를 일으킬 수도 있을 것이다. 그리고 그런 욕구를 충족하는 것은 아마도 당신에게 이로울 것이다.

선호 공리주의에 대해서 제기되는 두 번째 문제는, 당신이 자신의 욕구가 만족되었다는 것을 모른다고 해도, 그 욕구 만족으로 인해서 당신의 행복이 증진될 수 있다는 것이다. (이것이 선호 공리주의가 경험 기계 반론에 취약하지 않은 이유임을 기억하라. 선호 공리주의는 경험이라는 의미에서 '만족'을 극대화하려고 하는 것이 아니라, 당신이 일어나기를 바라는 것이 실제로 일어날 때 욕구가 충족된다는 의미에서 욕구의 만족을 극대화하려고 한다.) 파핏이 제시한 '기차에서 만난 이방인' 사례를 생각해 보자. 당신은 여행 중에 매력적인 여성의 옆자리에 앉아서 대화를 나눈다. 그녀는 당신에게 그녀의 인생 목표와 성공의 비전에 대해서 이야기한다. 당신은 그녀에게 호감을 느끼고 진심으로 그녀가 성공하기를 바란다. 그러나 당신은 연락처를 교환하지 않아서 그녀를 다시 만나지도 못하고 그녀에 관한 소식도 듣지 못한다. 그런데 그녀가 성취하기를 바라는 모든 것을 당신에게 말한 대로 성취하는 데 성공한다고 가정해 보자. 그러면 그것은 그녀가 실패했을 때보다 **당신의** 삶이 더 좋아졌다는 것을 의미하는가? 선호 공리주의는 그런 결론을 함축한다. 그러나 그 이방인의 성공이 당신의 의식적 경험에 아무 영향을 주지 않음에도 불구하고 당신의 삶이 더 좋아졌다고 말하는 것은 이상하게 들린다.

선호 공리주의는 우리가 이미 살펴본 바와 같이 현재와 미래의 모든 욕구를 고려한다. 그러면 과거의 욕구에 관해서는 어떤가? 생애 대부분을 무신론자로 살아온 친구가 있다고 하자. 그러나 그녀는 이제 죽어 가면서 고통당하고 있다. 그녀는 지옥에 갈 것을 두려워하면서 당신에게 종부 성사를 집전해 줄 성직자를 불러 달라고 부탁한다. 당신은 그녀가 현재 종부 성사를 바란다는 이유로 그녀의 부탁을 들어줄 것인가? 아니면 당신은 그녀가 지금보다 생각이 더 명료했던 시기에 일생 동안 가졌던 욕구를 고려해서 그녀의 부탁을 거절할 것인가?

비슷한 질문이 죽은 사람들의 욕구에 관해서도 제기될 수 있다. 가령 당신이 묘비에 특정 문구의 묘비명을 새기고자 하는 욕구를 가지고 있다고 하자. 당신이 죽은 뒤에 그 묘비명이 실제로 묘비에 새겨진다면 당신의 행복이 증진되는가? 우리는 가까운 사람들의 그러한 욕구를 들어주어야 한다고 느낀다. 그러나 가령 어떤 역사가가 고대의 어떤 왕이 자신의 묘비에 특정 문구의 묘비명을 원했는데, 현재의 묘비에는 그런 묘비명이 없다는 것을 발견했다고 하자. 그 발견으로 인해 이제라도 그 묘비명을 추가로 써넣어야 할 이유가 있는가? 직관적으로 보았을 때는 아니다. 우리들 대다수도 아마 아니라고 말할 것이다. 그러나 선호 공리주의자는 그렇게 대답할 수 없을 것이다. 만약 선호 공리주의자가 그렇게 대답한다면, 그는 우리가 살아 있을 때 발생한 욕구의 만족이지만 (기차에서 만난 낯선 사람이 그녀의 목표를 이루었으면 하는 욕구처럼) 우리가 결코 그것의 충족 여부에 관해서 알 수 없었던 욕구의 만족과 우리의 사후에 이루어진 것이어서 우리가 결코 알 수 없는 욕구의 만족을 구별해야 하는 이유를 설명해야만 할 것이다.

선호 공리주의자들은 자신의 이론을 근본적으로 변화시키지 않으면서도 이 문제들을 처리할 수 있을 것이다. 아마도 그들은 아무리 신빙성이 없어 보여도 이 사례들 각각마다의 선호 공리주의적 결론을 수용할 수 있을 것이다. 더 근본적인 문제는 당신이 충분한 정보를 가지고 명료하게 생각한다면 가지지 않을 욕구에 관심을 가진다는 것이다. 성직자가 종부 성사를 해 주기를 바라는, 죽어 가는 무신론자의 욕구가 그 예이다. 또 다른 예를 들어 보자. 당신은 지금 누군가가 고의적으로 당신을 속였다고 믿고 그에게 복수하기를 원한다. 그러나 그것은 오해에서 비롯된 것이다. 만약 당신이 충분한 정보를 가지고 있다면, 당신의 믿음이 잘못된 것이고 그 사람의 행동을 오해했다는 것을 알게 된다. 그럼에도 불구하고 당신은 결코 자신의 실수를 깨닫지 못하고 그래서 그 사람을 해친다고 해도 그것에 대해 전혀 후회하지 않는다고 하자. 만약 당신이 그를 해치는 데 성공한다면, 당신의 욕구가 충족되었으므로 그 복수로 인해 당신은 더 행복해지는가? (느껴지는 만족감의 차이와 같은 것은 논외로 하자 — 우리는 여기서 다시 당신이 일어나기를 바라는 것이 실제로 일어났다는 의미에서의 만족에 대해서만 말하고 있는 것이다.)

일부 선호 공리주의자들은 이 반론에 대응하기 위해서 행복을 합리적인 욕구 만족으로 재정의한다. 즉, 그들은 행복을 당신이 우연히 가지게 된 선호의 만족으로 보는 견해에서 합리적 욕구 만족으로 보는 견해로 변화시킨다. 이 견해에 따르면, 행복은 우리에게 열려 있는 모든 다른 행위들에 관해서 그리고 그것들 각각이 현재와 미래의 우리의 욕구 실현에 미치게 될 영향에 관해서 우리가 충분한 정보를 가지고 명료하게 생각할 경우에 가지게 될 욕구의 만족으로 구성된다. 이 견해에 따르면, 만약 당신이 제임스가 당신에게 잘못을 범했다는 오해에서 그에게 복수하기를 원한다면, 당신의 복수에 대한 욕구는 고려되어서는 안 된다. 마찬가지로, 당신이 죽어 가면서 사후에 지옥보다 천국에 갈 가능성을 높이기 위하여 성직자로부터 사면식을 원하지만, 사실은 사후의 삶이 존재하지 않는다면, 이 욕구는 고려되지 않는다. 왜냐하면 당신이 충분한 정보를 가지고 있다면 더 이상 그 욕구를 가지지 않을 것이기 때문이다.

만약 우리가 충분한 정보를 가지고 명료하게 생각할 경우에 갖고자 하는 욕구만을 고려한다면, 우리는 사람들이 잘못된 정보나 혼란 또는 너무 성급한 생각 때문에 가지게 되는 모든 종류의 욕구를 무시할 수 있다. 그러나 충분한 정보에 근거한 욕구로의 변화는 처음에는 비교적 단순한 견해로 보였던 것을 극히 복잡한 견해로 변형시킨다. 가령 마리아는 종교 신자인데, 사실은 신이 존재하지 않는다고 가정해 보자. 그렇다면 마리아가 충분한 정보를 가지게 되는 경우에, 그녀는 무신론자가 되어야 할 것이다. 그녀의 가장 중요한 욕구는 신이 원하는 것을 하는 것이다. 그것을 제외한다면 그녀는 삶을 가능한 한 많이 즐기길 원한다. 이것이 그녀를 도울 때 종교에 기반한 그녀의 모든 욕구를 무시해야 한다는 것을 의미하는가? 예를 들어, 마리아는 신이 그녀가 일요 성찬식에 참여하기를 원한다고 믿는다. 그렇기 때문에 그녀는 일요 성찬식에 가기 위하여 당신이 제 시간에 그녀를 깨워 주기를 원한다. 당신은 이것을 알고 있다. 또한 당신은 신이 존재하지 않는다는 것도 알고 있고, 또 그녀를 늦게 깨워서 성찬식에 참여하지 못하도록 한다면, 그녀는 이 아름다운 봄날 아침에 교회에 가는 대신에 정원에서 일을 할 것이고 그것이 그녀에게 훨씬 더 큰 즐거움을 줄 것이라는 것도 알고 있다. 이런 경우에 대하여 '충분한 정보에 기초한 욕구'를 주장하는 선호 공리주의자들은 그녀가 제때에 성찬식에 참여하지 못하도록 당신이 그녀를 깨우지 말아야 한다고 말해야만 할 것이다. 보다 일반적으로, 그들은 당신이 마리아의 가장 확고한 실제의 소망과 반대되는 것을 그녀에게 하는 것이 옳다고 주장할 것이다. 게다가 마리아는 신이 존재하지 않는다는 것을 결코 받아들이지 않을 것이기 때문에, 아마도 그녀는 죽는 날까지 당신이 그녀에게 한 행동에 분개할 것이다. 그래도 선호 공리주의자들은 신경 쓰지 말라고 하면서, 당신은 마리아가 충분한 정보를 가졌다면 그녀가 원했을 것을 하고 있는 것이라고 말할 것이다. 처음에는 쾌락주의적 공리주의보다 덜 간섭주의적인 것처럼 보였던 선호 공리주의가 갑자기 그 장점을 잃어버리게 된다.

거짓 정보에 기초한 욕구의 문제에 대한 다른 반응은 근본적(underlying) 욕구와 조건적 욕구를 구분하고, 우리가 중요하게 다루어야 하는 욕구는 특정 사실에 조건적인 욕구가 아니라 근본적인 욕구라고 말하는 것이다. 예를 들어, 제임스가 당신에게 잘못했다는 당신의 오해 때문에 당신이 그를 해치기를 원하는 경우에, 이것은 단순히 조건적인 욕구이다. 제임스가 당신을 해쳤다는 조건 하에서 당신은 그를 해치기를 원한다. 만약 그가 당신을 해치지 않았다면, 당신의 근본적 욕구, 즉 당신에게 선의를 가지고 행위한 모든 사람들에게 선의를 가지고 행위하고자 하는 욕구가 지배하게 된다. 이 견해는 충분한 정보에 근거한 욕구론보다 덜 간섭주의적인 것처럼 보인다. 왜냐하면 우리는 실제적이지 않은 특정 조건 하에서 당신이 가지기를 원하는 단순히 가상적인 욕구보다 당신의 실제적인 근본적 욕구를 고려하기 때문이다. 그럼에도 불구하고 그것은 많은 상황 — 예를 들어 마리아와 같은 종교 신자의 경우 — 에서 충분한 정보에 근거한 욕구론과 동일한 결론으로 나아간다. 그리고 그만큼 간섭주의적이다.

더 심각한 난점은 우리가 비정상적인 욕구들을 고려할 때 제기된다. 잔디밭에 있는 잔디의 수를 세고자 하는 가장 큰 욕구를 지닌 사람을 예로 들어 보자. 그는 이 과제를 완수하는 데 성공한다면 무엇이 일어날지에 관해서 어떤 환상도 지니고 있지 않다. 그는 단지 그것을 하기 원할 뿐이다. 우리가 과연 그런 욕구를 그것만큼 강력한 다른 욕구와 동일한 비중을 가진 것으로 다루어야 할까?

일부 선호 공리주의자들은 기꺼이 그 결론을 수용한다. 그래서 극심한 고통을 피하고자 하는 동일한 강도의 욕구에 부여하는 것과 같은 본래적 비중을 잔디의 수를 세는 사람의 욕구에도 부여한다. [그러나] 하사니 같은 사람들은 다르게 생각한다. 그에 의하면, '우리는 다른 사람의 매우 합당한 욕구가 충족되도록 그를 도와야 하는 도덕적 책무를 가진다. 그러나 우리가 다른 사람의 전적으로 불합리한 욕구가 충족되도록 돕는 데 있어서도 그와 동일한 도덕적 책무를 가진다고 주장하는 것은 부조리하다.' 그러나 만약 선호 공리주의가 오직 '합당한' 선호만을 고려하도록 제한된다면, 그것은 욕구에 기초한 이론(desire-based theory)이기를 포기해야 하는 위험에 직면한다. 왜냐하면 많은 철학자들이 논의해 온 바와 같이, 만약 어떤 합당한 사람이 어떤 것들은 객관적 선이라는 것을 알 수 있다면, 선호 공리주의는 단지 객관적으로 선인 것에 대한 선호만을 고려하는 이론이 된다. 그리고 그렇게 되면 선호 공리주의는 전혀 다른 종류의 이론이 된다.

다원주의적 결과주의

선호 공리주의는 경험 기계의 반론을 극복할 수는 있지만 심각한 자체의 문제를 가지고 있음이 밝혀졌다. 이 문제들을 극복하는 방법 가운데 하나는 선호 공리주의를 이성을 사용해 객관적 선을 결정할 수 있다고 주장하는 이론들과 조화시키는 것이다. 객관적 선에 관한 견해에 기초한 이론은, 객관적으로 선한 것으로 간주되는 것이 의식의 상태에 제한되지 않는 한, 경험 기계 반론에 저항할 수 있을 것이다.

쾌락주의적 공리주의와 선호 공리주의에 대한 제3의 대안은 보통 '이상 공리주의(ideal utilitarianism)'로 알려진 것인데, 오늘날은 '다원주의적 결과주의(pluralist consequentialism)'로 불린다. 다원주의적 결과주의자들도 본래적 선의 극대화를 원한다. 그러나 그들은 쾌락주의적 공리주의자들과는 달리 쾌락이나 행복이 본래적으로 선한 유일한 것이라고 생각하지 않는다. 그들에 의하면, 지식, 진리, 아름다움, 정의, 평등, 자유 같은 다른 이상들이나 본래적 가치들이 존재한다. 또 선호 공리주의자들과는 달리, 다원주의적 결과주의자들은 그러한 것들이 우리의 선호와 무관하게 본래적 가치를 가진다고 주장한다. 일부 다원주의적 결과주의자들은 이 가치들을 행복한 삶(복지, well-being)의 일부로 간주한다. 예를 들어, 그들은 우리가 지식이나 자유를 바라지 않거나 그것들에 전혀 관심조차 두지 않아서 그것들이 우리에게 더 큰 행복감을 주지 않는다고 해도 우리가 더 많은 지식이나 자유를 가진다면 우리의 삶이 더 좋아질 것이라고 생각한다. 이런 견해를 취하는 사람들 역시 복지의 극대화에 관심을 두기 때문에 공리주의자들이다. 다른 다원주의적 결과주의자들은 어떤 것들은 누구의 복지도 증진하지 않아도 본래적 가치를 가진다고 주장한다. 이들은 다시 둘로 나뉜다. 하나는 모든 본래적 가치는, 비록 그것이 복지에 반드시 도움이 되지 않는다고 해도, 어떤 식으로든 의식적 존재로부터 나온다고 생각한다. 다른 하나는 유정적 존재가 전혀 없는 경우에도 본래적 가치는 존재할 수 있다고 생각한다.

먼저 첫 번째 견해를 고려해 보자. 이 견해에 따르면, 어떤 사람이 본래적 가치가 있는 어떤 것에 전혀 무관심하다고 해도 본래적 가치를 지닌 것에 의해서 그 사람의 복지가 증진될 수 있다. 이 주장을 평가하기 위해서 우리는 어떤 것이 본래적 가치라고 주장하는 것이 무엇을 의미하는지에 관해서 분명히 할 필요가 있다. 그것은 때때로 지식, 진리, 자유와 같은 본래적 가치들이 모든 사람의 행복한 삶(복지)의 구성 요소들이라고 말한다. 왜냐하면 당신이 처음에는 그런 가치들에 무관심했다고 해도, 그것들을 채택한다면 당신은 조만간 그것들의 가치를 깨닫고, 그 결과로 행복한 삶을 살 것이기 때문이다. 그러나 이런 식으로 주장하는 것이 지식, 진리, 자유가 당신에게 **본래적으로 좋다**는 것을 입증하는 것은 아니다. 그것은 단지 그 가치들이 행복을 증진하기 때문에 도구적으로 좋다는 것을 보여 줄 뿐이다.

예를 들어, 우리는 자유를 행복 또는 욕구의 만족을 증진하는 그것의 도구적 가치와 관계없이 본래적으로 좋은 것으로 간주할 수 있는가? 『자유론』에서 밀은 표현의 자유와, 다른 사람들에게 해악을 주지 않는 한, 자신의 삶의 방식을 선택할 자유를 지지하는 고전적 논증을 제시했다. 밀의 문장은 때때로 자유의 본래적 가치를 옹호하는 것으로 인용된다. '개성의 자유로운 발달은 행복한 삶의 가장 중요한 본질 가운데 하나'라는 밀의 주장은 자유가 행복에 기여하는가와 무관하게 행복한 삶의 한 가지 구성 요소라는 생각을 지지하는 것처럼 보인다. 그러나 우리는 그 주장을, '공리를 모든 윤리적 문제의 궁극적 기준으로 간주한다'는 밀의 진술 그리고 행복 또는 쾌락의 견지에서 공리를 설명하는 그의 견해와 함께 읽어 보아야 한다. 그러면 자유가 개인의 행복을 위한 본질적 요구이기 때문에 그가 자유를 중시한다고 보는 것이 더 신빙성이 있다. 일반적으로, 우리는 어떤 것이 쾌락이나 우리가 좋아하는 다른 의식의 상태로 이어지지 않는다면, 또는 우리의 선호나 욕구의 일부를 만족시키지 않는다면, 그것이 어떻게 우리의 복지(행복한 삶)의 일부가 될 수 있는지 이해하기 어렵다. 그러므로 우리의 행복한 삶(복지)이 우리가 관심 없는 어떤 것 그리고 앞으로도 전혀 관심을 가지지 않을 어떤 것에 의해서 증가될 수 있다는 견해를 우리는 거부한다.

그러나 아직 복지 이외의 어떤 것들을 본래적 가치를 가진 것으로 간주하는 다원주의적 결과주의의 가능성은 남아 있다. 그러한 견해는 몇 가지 분명한 강점을 가진다. 그것은 경험 기계의 반론에 영향 받지 않는다. 왜냐하면 그것은 환상 없이 현실에서 사는 것에 그리고 자신의 삶에서 어떤 것을 성취하고자 노력하는 것에 본래적 가치가 있다고 주장할 수 있기 때문이다. 사실 다원주의적 결과주의는 깊은 성찰을 통해서 당신이 본래적으로 가치 있다고 생각하는 어떤 가치에도 열려 있다. 물론 이것은 서로 다른 사람들이 서로 다른 본래적 가치의 목록을 가질 수 있다는 것을 의미한다. 철학자들이 본래적 가치를 가진 것으로 주장해 온 선의 일부 목록에는 다음과 같은 것들이 포함된다. 생명, 의식, 건강, 쾌락, 행복, 만족, 성취, 놀이, 진리, 지식, 합리성, 지혜, 실천적 합당성(practical reasonableness), 아름다움, 심미적 경험, 덕, 종교, 신과의 교통, 사랑, 우정, 정의, 평등, 자유, 평화, 명예. 이와 같은 다원주의적 설명들은 한 가지 분명한 문제를 안고 있다. 도대체 어떤 근거에서 한 가치는 포함시키고 다른 가치는 배제하는가? 왜 이 가치는 이 목록에는 있고 저 목록에는 없는가?

'그것들 모두가 몇 가지 다른 궁극적 선에 기여하기 때문이다'는 이 문제에 대한 대답이 될 수 없다. 만약 그 대답이 옳다면, 궁극적 선이 유일한 본래적 선이 될 것이고, 다른 가치들은 도구적으로 가치 있는 것이 될 것이다. 이것은 더 이상 본래적 선에 대한 다원주의적 이론이 아니다. 이에 대한 대안으로 어떤 다원주의자는 본래적으로 가치가 있는 것과 그렇지 않은 것을 결정하기 위하여 우리의 직관을 사용해야 한다고 응답할 수도 있다. 이 응답이 불충분하다고 여겨진다면, 그 다원주의자는 다원론자이건 일원론자이건(즉, 단지 하나의 본래적 가치만이 존재한다고 주장하는 사람이건) 자신의 직관에 호소하는 것 외에 본래적 가치를 선택하는 근거는 없다고 대응할 수 있을 것이다.

일원론자도 그 주장에는 동의할 것이다. 그러나 문제의 핵심은 다원론자들이 직면할 수밖에 없는 부가적 문제에 있다. 즉, 본래적 가치들이 갈등할 때 우리는 무엇을 해야 하는가? 우리가 다원주의자라면 많은 상황에서 우리는 종종 가능한 여러 행동들 간에 선택을 할 수밖에 없을 것이고, 그때마다 각각의 행동은 본래적 가치들 간의 다른 균형을 이루는 결과를 산출할 것이다. 본래적 가치를 가진 것이 무엇인가를 선택하는 데 있어서 우리의 직관 이외에 다른 근거가 없다면, 그러한 선택 — 갈등하는 가치들 사이의 선택 — 들 역시 직관의 문제가 될 수밖에 없을 것이다.

가령 우리가 진리[진실]를 본래적 가치로 생각한다고 하자. 만약 우리의 할머니가 우리의 취향에 전혀 맞지 않는 크리스마스 선물을 주고 선물이 마음에 드느냐고 우리에게 묻는다면, 우리는 진실의 가치와 할머니의 마음을 다치지 않게 하는 것의 가치를 어떻게 저울질할 것인가? 아마도 그런 경우에 우리는 거짓말을 사소한 것으로 여기고, 할머니의 행복에 대한 관심을 진실보다 우선시할 것이다. 그러나 좀 더 심각한 상황에서도 우리가 같은 견해를 취할 수 있을까? 예컨대 할머니가 치명적인 질병에 걸렸다고 가정해 보자. 할머니가 지금은 의식이 온전하지만, 의사의 말로는 곧 무의식 상태에 빠지게 될 것이고 다시는 의식을 회복하지 못할 것이라고 한다. 할머니는 우리에게 왜 아들이 자기를 보러 오지 않는지 묻는다. 그런데 아들이 할머니를 보러 오는 중에, 그가 탄 비행기가 실종되었다. 아마도 비행기는 추락했을 가능성이 높다. 이것이 진실이다. 진실이 하나의 가치라면, 이 상황에서 할머니에게 그 끔찍한 소식을 전하는 것에도 약간의 가치가 있을 것이다. 물론 다원주의자들은 그 소식이 야기할 위로받을 수 없는 슬픔이 진실의 가치를 능가할 것이라고 말할 수 있다. 그러나 그들은 어떻게 이 결정에 도달하는가? 진실의 가치가 할머니의 슬픔을 능가한다고 생각하는 사람들에게 그들은 무엇이라고 말할 것인가? 아마도 그들의 직관은 서로 다르다고 말하는 것밖에는 없을 것이다.

다원주의자들에게는 동일한 문제가 공공 정책의 수준에서도 일어난다. 공공 정책에서 직관에 호소하는 것은 훨씬 더 좋지 않은 것처럼 보인다. 만약 자유가 하나의 본래적 가치라면, 안전벨트를 매지 않고 운전하는 것이 교통사고 사상자를 증가시킬 것임을 알고 있으면서도 우리는 사람들이 안전벨트를 매지 않고 운전하는 것을 허용해야 하는가? 만약 복지와 같은 단 하나의 본래적 가치만이 존재한다면, 이런 문제들은 어렵기는 하지만, 우리가 모든 사실을 알 수만 있다면 원칙적으로 해결이 가능하다. 그러나 다원주의자들은 이런 문제들을 해결할 수 없는 것처럼 보인다.

고전적 공리주의자들은 다원주의자들이 환상의 희생자이기 때문에 스스로 이런 난점에 직면한다고 생각한다. 시지윅이 상식 도덕의 규칙을 더 큰 선을 증진하는 대략의 지침으로 설명하려고 했던 것처럼, 공리주의자들도 우리가 지식, 정의, 평등, 자유 같은 선들을 가치 있게 여기는 이유는 그것들이 더 큰 선을 증진하기 때문이라고 설명할 수 있다. 이런 선들을 존중하고 증진하는 사회는 그렇지 않은 사회보다 훨씬 더 많은 복지를 가져오는 경향이 있다. 그러나 만약 우리가 이 원리들(지식, 정의, 평등, 자유)을 단지 도구적으로만 가치 있는 것으로 간주한다면, 우리와 우리 정부는 작고, 단기적이고, 자기이익적인 편의를 위해서 기꺼이 그것들을 희생시키려고 할 것이다. 그러므로 우리는 그것들을 본래적으로 가치 있는 것으로 간주하는 것이 더 좋다. 그래서 공리주의자들은 그와 같은 선들이 본래적으로 가치 있다는 우리의 직관에 대한 설명을 제시할 수 있다. 동시에 그들은 우리가 이 직관들을 왜 신뢰해서는 안 되는지 그리고 대신에 왜 이 선들의 가치를 본래적인 것이 아니라 도구적인 것으로 간주해야 하는지를 설명할 수 있다.

유정적 존재와 무관한 가치

'다원주의적 결과주의'를 논의하는 부분에서 언급한 가치들은 모두 의식 있는 존재의 실존을 요구한다. 만약 우주 안에 의식적 존재가 전혀 존재하지 않는다면, 그리고 앞으로도 결코 존재할 가능성이 없다면, 어떤 것이 가치를 가질 것인가? 우주가 어떤 모습이건, 그 안에서 무엇이 일어나건, 그것이 중요하기는 할까? 결과를 경험할 수 있는 의식적 존재가 없다면 도대체 좋은 결과나 나쁜 결과라고 하는 것이 있을 수 있을까? '좋은'과 '나쁜'이라는 개념조차 의미가 있을까?

무어는 아름다움을 보거나 인식할 수 있는 존재가 없다고 할지라도 아름다운 세계는 추악한 세계보다 더 좋다는 유명한 주장을 했다. 이 견해를 지지하면서 그는 독자들에게 두 세계를 비교해 보라고 요구한다. 한 세계는 우리가 상상할 수 있는 한에서 가장 아름다운 세계이고, 다른 세계는 단지 '오물 더미'만 있는 세계이다. 무어는 우리가 이것을 비교해 본다면 추악한 세계보다 아름다운 세계가 존재하는 것이 더 좋다는 것을 인정할 수밖에 없다고 주장한다. 그러나 이 주장을 평가하는 데는 한 가지 분명한 난점이 있다. 우리는 세계의 아름다움이나 추함에 의해 영향 받는 존재가 없다는 것을 전제하고 판단에 도달해야 한다. 그러나 우리는 또한 그런 세계를 상상하라고 요구받고 있다. 그리고 그렇게 상상하면서 우리는 이미 세계의 아름다움과 추함에 의해서 영향 받고 있다. 두 세계에 대한 우리의 판단이 그 세계를 상상하면서 우리가 가지는 태도들에 의해서 오염되지 않았다고 확신하기는 어렵다. 그러한 태도를 무시할 수 있을 정도가 되기까지, 우리는 아름다운 세상이 존재하는 것이 더 좋다는 무어의 직관에 대해 어떠한 확신도 가질 수 없다. 그 아름다운 세상이 영향을 줄 수 있는 의식적 존재가 없고, 앞으로도 결코 존재하지 않을 것이라면, 그것이 어떤 영향을 줄 수 있을까?

무어 자신은 나중에 자신이 실수했음을 깨닫고, 의식과 모종의 관계를 가지지 않는다면 어떤 것도 본래적으로 선하지 않다고 생각하게 되었다. 20세기에 이 견해에 대한 새로운 도전이 나타났다. 일부 환경주의자들에 의하면, 야생 또는 생명 다양성의 보존은 본래적 가치가 있다. 그리고 보존의 중요성은 그것에 대한 우리의 이해나 또는 우리나 다른 동물들이 그것으로부터 얻을 수 있는 다른 가능한 이익에 의존하지 않는다. 우리는 이 견해의 매력을 이해할 수 있다. 멸종되는 것이 호랑이처럼 아름답고 상징적인 동물이건 또는 덜 호소력 있는 (미국 멸종위기종법에 의해 보호받는 최초의 곤충인) 델리샌즈파리(Delhi Sands Flower-loving fly)이건, 동물들을 멸종으로 몰아넣는 것은 그르다. 이 판단은 또한 멸종 위기 종의 개별 구성원들이 경험하는 고통과도 독립적인 것처럼 보인다. 왜냐하면 희귀식물의 멸종을 초래하는 것 역시 그른 것처럼 보이기 때문이다. 게다가 우리는 캐나다두루미(sandhill crane)같이 멸종 위기에 처하지 않은 종의 개체들의 죽음보다는 미국흰두루미

(whooping crane)같이 유사하지만 멸종 위기 종의 개체들의 죽음에 훨씬 더 많은 관심을 기울인다. 그 두루미들의 고통이 동일함에도 불구하고 그렇게 한다. 이것은 우리의 관심이 개체 동물을 위한 것이 아니라 우리 자신을 위한 것이거나 또는 그 동물들을 보고 즐기게 될 인간의 미래 세대를 위한 것임을 암시한다. 종 다양성 보호와 멸종 반대의 근거로서 이것은 의미가 있다. 수백만 년 동안 진화해 왔고 한 번 멸종되면 다시 복원이 불가능한 종의 멸종을 초래하는 것은 일종의 파괴주의적인 반달주의(vandalism)이다. 그것은 아프가니스탄에서 탈레반이 그리고 이라크와 시리아에서 이슬람국가(IS)가 고대의 조각상과 신전들을 파괴한 것과 유사하다. 그것은 미래 세대에게서 그들이 마땅히 물려받아야 할 유산의 일부를 빼앗는 것이다. 그러나 이것은 생명 다양성에(또는 고대의 예술 작품에) 본래적 가치를 부여하는 것은 아니다. 그것들은 인간이건 인간 아닌 존재이건, 현재의 존재이건 미래의 존재이건, 유정적 존재들을 이롭게 하는 그것들의 잠재력 때문에 도구적 가치를 가지는 것이다.

본래적 가치: 지금까지의 논의

경험 기계에 들어가기를 꺼리는 것은 쾌락주의에 반대하는 강력한 논거로 간주된다. 선호 공리주의는 많은 문제들에 직면한다. 특히, 잘못된 정보에 근거한 선호와 비정상적인 선호들을 비롯한 모든 선호들을 포함시킬 것인가, 아니면 선호를 충분한 정보에 근거한 합당한 선호들로 제한할 것인가의 선택 문제에 직면한다. 이 두 가지 대안 모두 난점을 안고 있다. 다원주의적 결과주의는 매력적인 것처럼 보인다. 그러나 지식, 자유, 아름다움, 진리 또는 생명 다양성 등은 정말로 유정적 존재의 삶을 더 행복하게 만들거나 더 좋게 만드는 수단으로서의 가치를 넘어서 그 자체로 가치 있는 것인가?

우리가 무엇을 극대화해야 하는가에 관한 모든 견해가 심각한 문제를 안고 있다. 그렇기 때문에 쾌락주의에 반대하는 경험 기계 논증을 재평가해 볼 필요가 있다. 그 논증은 우리의 직관에 크게 의존한다. 그래서 우리가 경험 기계에 들어가기를 꺼리는 반응 뒤에 어떤 요소들이 놓여 있는지 고려하는 것이 중요하다. 우리의 직관적 반응은 우리의 경험이 우리가 무엇을 하고 있고 어떻게 살고 있는지에 대한 현실을 반영해야 한다는 우리의 욕구에서 비롯되는 것인가? 아니면 그것은 공상 과학 영화에서 비롯된 섬뜩한 이미지에 의해서 영향 받은 것인가? 경험 기계의 사례에 응답하면서 어쩌면 우리는 — 누구나 경험 기계 안으로 들어갈 수 있다는 보장에도 불구하고 — 남겨진 세상에 대한 관심과 그 세상을 더 좋게 만드는 데 공헌하고자 하는 욕구를 떨쳐 내지 못할 수 있다. 또는 어쩌면 우리는 기술을 신뢰하지 못하고 그 기계를 작동시키는 슈퍼컴퓨터가 고장 날 것을 우려할 수도 있다. 그래서 우리가 깨어나서 우리가 영원히 떠났다고 생각했던 복잡한 현실에 직면하는 것을 염려할 수도 있다. 또한 우리가 경험 기계에 들어가지 않으려고 하는 것은 우리가 사랑하는 사람들과 헤어지지 않으려는 것 때문일 수도 있다.

다른 한 가지 요소는 '우리 자신의 운명의 주인'이 되고 우리의 삶에 대한 통제력을 가지고자 하는 강한 욕구이다. 우리는 자신의 미래가 우리가 누구이고, 무엇을 하고, 어떤 결정을 하는지에 달려 있다고 믿고 싶어 한다. 그러한 신념들은 우리가 행복하고 충만한 삶을 사는 데 도움이 될 것이다. 우리는 통제력을 가지는 것이 환상임이 분명한 상황에서조차도 이 통제력을 가지고자 한다. 예를 들어, 사람들은 복권을 살 때 기계가 정해 주는 복권 번호를 받는 것보다 스스로 복권·번호를 선택하는 것을 선호한다. 심지어 자신이 선택한 번호의 복권을 당첨 확률이 더 높은 복권과 바꾸려고도 하지 않는다. 대부분의 사람들은 자신이 운전할 때가 남들이 운전할 때보다 자동차 사고가 일어날 확률이 낮다고 생각한다. 심리학자들은 이 현상을 '통제 환상(control illusion)'이라고 부른다. 그들은 지난 40년 동안 이 현상을 이해하기 위해 노력해 왔다. 미국 심리학자 허버트 레프코트(Herbert Lefcourt)에 의하면, '우리가 개인적 선택을 할 수 있다는 환상인 통제감은 삶(생명)을 유지하는 데 하나의 결정적이고 긍정적인 역할을 한다.' 그러므로 우리가 통제할 수 없는 기계 안에서 살지 않으려는 강한 선호를 가지는 것은 놀랄 일도 아니다.

경험 기계와 같은 사례에 관해서 우리를 주저하게 만드는 또 다른 심리적 특징은 가짜보다 진짜(real)를 좋아하는 우리의 선호이다. 우리는 우리의 다이아몬드 귀걸이가 매우 교묘한 가짜라면 실망할 것이다. 우리가 그것을 팔려고 하지 않을 때에도 그렇다. 우리는 자신의 핸드백이 상표에 표시된 디자이너 회사에서 만든 진품이기를 원한다. 그리고 루브르 박물관에 갈 때, 우리는 아무리 잘 만들어진 것이라고 해도 복제품을 보길 원하지는 않는다. 우리는 진짜와 가짜를 구별할 수 있는 전문적 능력이 없을 때조차도 진짜임(genuineness)에 큰 중요성을 부여하는 것처럼 보인다. 루브르 박물관에 걸려 있는 모나리자가 단지 전문가만이 레오나르도의 진품과 구별할 수 있을 정도로 완벽하게 만들어진 모사품이라고 해도, 그 사실이 알려진다면 그 주변에 있는 관람객들은 급속히 줄어들 것이다. 진짜임에 그처럼 많은 중요성을 부여하는 것은 합리적인가? 합리적 존재인 우리에게 그것이 말해 주는 바는 무엇인가? 나의 핸드백이 유명 디자이너의 작품인 것이 왜 그렇게 중요한 것일까? 내가 모나리자 그림을 좋아한다면 그것을 레오나르도의 손으로 직접 그렸다는 것이 왜 그렇게 중요한 것일까? 어떤 것이 진짜라고 생각하는 당신의 믿음이 당신을 더 행복하게 하거나 더 많은 쾌락을 준다면, 그것이 정말로 진짜이건 아니건 그것이 진짜라고 당신이 믿는 것으로 충분하다. 만약 당신이 귀밑에서 빛나는 돌이 진짜 다이아몬드라고 믿기 때문에 귀걸이를 착용할 때 좋은 기분을 느낀다면, 그것으로 충분하지 않은가? 이 점에서 경험 기계는 완벽한 위조기와 유사하다. 완벽한 위조품 그 이상의 진짜에 대한 우리의 욕구는 의심의 여지 없이 진화의 산물이다. 그러나 그것은 우리가 합리적으로 변호할 수 있는 선호는 아니다.

만약 우리가 지금 당신에게 당신은 이미 경험 기계 안에 들어와 있기 때문에 당신이 이 책을 읽고 있다는 믿음도 환상이고 당신의 가족과 당신의 친구들을 포함해서 당신이 기억할 수 있는 모든 것이 환상이었다고 말한다면, 당신은 경험 기계 밖으로 나오길 원하는가? 일련의 실험들은 대다수 사람들이, 지금의 삶이 실재하는 현실이건 컴퓨터로 프로그램 된 환상이건, 지금 살고 있는 삶에서 이탈하는 것을 꺼린다는 것을 보여 준다. 우리가 경험 기계 안에 들어가기를 꺼려 하는 것은 우리가 내리는 많은 다른 결정들과 마찬가지로 '현상유지 편향(status quo bias)'에 영향 받는 것으로 보인다. 우리는 우리에게 익숙한 것을 좋아한다. 그리고 변화는 부가적인 노력을 요구하고 또 위험이 따르기도 한다. 그러므로 우리가 아는 세계를 떠나서 경험 기계 안으로 들어가려고 하지 않는 것은 놀랄 일이 아니다. 특히 그 기계가 완전하게 작동할 것이라고 확신할 수 없다면 더욱 그렇다. 그러나 우리가 이미 경험 기계 안에 있다면, 우리는 아마 그 기계를 떠나는 것이 그리 좋은 생각은 아니라고 생각할 것이다.

우리가 언급한 요소들 가운데 어떤 하나라도 우리가 경험 기계를 거부하는 데 있어서 중요한 역할을 한다면, 경험 기계의 예는 우리가 가질 수 있는 최상의 의식 상태보다 그 이상을 원한다는 주장에 대한 믿을 만한 증거는 아니다. 만약 그렇다면 '우리가 무엇을 극대화해야 하는가?'라는 물음에 대한 고전적 공리주의자들의 대답 — 쾌락 — 은 옹호 가능한 것으로 남게 된다.

쾌락이란 무엇인가?

쾌락은 쾌락주의적 공리주의자들의 주장처럼 유일한 본래적 가치인가? 아니면 일부 다원주의적 결과주의자들이 주장하는 바와 같이 여러 본래적 가치들 가운데 하나인가? 이것을 알아보기 위해서는 '쾌락이 무엇인지?' 그리고 '쾌락은 종종 그것과 동일시되는 행복과 어떤 관계가 있는지?'에 관해서 좀 더 살펴볼 필요가 있다.

우리는 재밌는 영화를 보면서, 흥미 있는 책을 읽으면서, 낱말 퍼즐을 풀면서, 흥미 있는 지적인 철학적 논증에 참여하면서, 맛있는 음식을 먹거나 흥분된 성행위를 하면서, 파도타기를 하면서, 아름다운 일요일에 자전거를 타면서 쾌락을 느낀다. 이 모든 다른 경험들을 쾌락이라고 부르게 만드는 것은 무엇인가? 그것들에 공통점이 있는가?

이 물음에 대해서 우리가 취할 수 있는 두 가지 입장이 있다. 그 하나는 [태도론인데, 이 입장에 따르면] 상이한 쾌락의 경험들에 있어 공통점은 우리가 그것들을 순수하게 심리 상태(mental states)로서 고려할 때 그것들을 경험하는 순간에 그것들이 지속되기를 바란다는 것이다. 이런 태도를 제외하고는 이 다른 경험들 사이에 공통점이 없다는 입장이다. 따라서 쾌락의 느낌은 수치심이나 스트레스 같은 다른 느낌들을 동반할 수도 있다. 그러나 우리가 쾌락의 느낌과 다른 느낌들을 구분할 수 있다면, 우리는 쾌락이 우리가 그 자체를 위해서 바라는 것임을 안다. 이 견해에 따르면, 이 모든 다양한 느낌들을 '쾌락'이라고 총칭할 수 있게 해 주는 것은 그 다양한 느낌들에 대한 우리의 태도이다. 다른 하나는 다른 종류의 쾌락이 하나의 공통된 '느낌의 색조(feeling tone)'를 가진다는 입장이다. 이 공통된 '느낌의 색조'가 우리의 경험에 동반되면서 그 경험을 즐겁게 만든다. 로저 크리스프가 이 후자의 견해를 지지한다.

쾌락의 본질에 관한 이 두 가지 견해는 모두 찬성과 반대 양론을 지니고 있다. 태도론(attitudinal view)에서 가장 설득력 있는 것은 쾌락적인 것으로 간주되는 모든 상이한 경험들에 공통되는 것이 무엇인가라는 난제를 깔끔하게 해결한다는 것이다. 만약 우리가 꿀, 잘 익은 딸기, 초콜릿을 달콤하다고 부르는 이유에 대해서 질문을 받는다면, 우리는 그것들 모두가 공통된 맛을 가진다고 대답한다. 이와는 대조적으로, 쾌락적이라고 부르는 다양한 경험들에 관해서 성찰해 볼 때, 우리는 그것들 모두가 공유하는 어떤 고유한 느낌을 발견할 수 없을 것이다. 이런 점에서 '느낌 색조론(feeling tone view)'은 신빙성이 떨어진다. 태도론에 따르면, 쾌락적인 경험들을 하나의 경험이나 심리 상태라고 생각할 때, 우리가 그것들을 바라고 그것들이 지속되기를 원한다는 사실이 바로 그것들의 공통점이다. 이어서 태도론은 어떤 것이 우리의 행복한 삶(복지)에 기여한다는 것이 무엇을 의미하는지에 대한 매력적인 견해와 쾌락을 연결시킨다. 쾌락은 반드시 (다른 조건이 같다면) 우리의 행복한 삶에 기여한다. 왜냐하면 그것은 우리가 원하는 것이고 우리가 얻고자 하는 동기를 가지도록 만드는 것이기 때문이다. 이것이 바로 태도론이 함축하는 것이다. 우리가 하나의 의식 상태로서 어떤 것을 원하지 않는다면, 그것은 쾌락이 아닐 것이다.

반면에 느낌 색조론은 신경 과학에서 유행하는 사조와 더 잘 어울린다. 신경 과학은 어떤 것을 원하는 것과 그것에서 즐거움(쾌락)을 얻는 것을 두 개의 구별되는 과정으로 간주한다. 우리가 원하는 것이 감각이나 의식의 상태일 때에도 마찬가지이다. 신경 과학자들의 다수 의견은 올즈(J. Olds)와 밀너(P. Milner)의 실험이 있었던 1954년부터 변하기 시작했다. 그들은 쥐의 뇌 안에 전극을 이식하고 쥐들이 막대기를 누르면 쾌락을 담당하고 있다고 여겨지는 뇌의 영역에 전류가 흐르도록 했다. 쥐들은 수천 번 막대기를 눌렀고, 스스로 굶어 죽어 가는 순간까지도 그랬다. 이 실험에 대한 최초의 해석은 쥐들이 다른 모든 것을 소홀히 할 만큼 너무 과도하게 쾌락에 탐닉한다는 것이었다. 그러나 쥐뿐만 아니라 인간을 대상으로 진행된 이후의 더 진척된 연구는 그 자극이 쾌락의 느낌보다는 욕구를 만들어 냈을 가능성이 더 크다는 것을 보여 주었다. 그러므로 이

제 우리는 쾌락과 동기화를 구분할 수 있다. 그리고 이것이 옳다면, 우리는 쾌락이라고 부르는 마음 상태의 고유한 특징을 그것이 지속되기를 바라는 사실에서 찾아서는 안 된다. 쾌락에 관해 연구하는 신경 과학자들은 쾌락을 '감각 위에 덧칠해진 추가적인 즐거움의 색조(niceness gloss)'라고 묘사한다. 이것은 고유한 '느낌의 색조'와 매우 유사하게 들린다.

우리가 쾌락을 어떻게 이해하건 우리는 고전적 공리주의자들이 생각했던 것처럼 쾌락이 행복과 동일한 것인지에 관해서 물을 수 있다. 고전적 공리주의자들은 종종 우리의 행복이 과즙 많은 달콤한 사과를 깨물어 먹는 것이나 일요일에 산보를 하는 것과 같은 소소한 쾌락들의 긴 연쇄로 이루어지는 것처럼 쓰고 있다. 그것은 옳은가? 아니면 그러한 것들은 우리의 행복과 무관한 것인가? 사회과학자들은 어떤 집단의 사람들의 행복을 측정하려고 할 때, 그 사람들이 자신의 삶에 얼마나 만족하는지에 관해서 묻는다. 이것은 행복을 전체로서 자신의 삶에 관한 사람들의 주관적 판단과 연결시킨다. 판단이 더 긍정적일수록 그들은 더 행복하다. 삶의 만족도는 쾌락과 거의 상관성이 없을 것이다. 사람들은 즐거운 경험을 거의 하지 못한다고 하면서도 때때로 삶의 만족도에 관한 질문에는 긍정적으로 답하곤 한다.

행복은 쾌락과 다르다. 행복은 감각이나 경험의 연쇄에 초점을 두는 것이 아니라 심리적 조건이나 지향성 또는 경향에 초점을 둔다. 우리는 행복을 긍정적인 정서적 평가(positive emotional evaluation)로 이해할 수 있을 것이다. 그것이 한순간에 대한 평가이건, 하루에 대한 평가이건, 아니면 인생 전체에 대한 평가이건, 행복은 긍정적인 정서적 평가이다. 행복은 좋은 기분 상태에 있고, 쾌활하고, 삶에 대해 전반적으로 긍정적인 전망을 가지는 등등의 성향으로 묘사되어 왔다. 그러나 성향은 오직 그것이 무엇인가를 향한 성향이기 때문에 가치 있는 것처럼 보인다. 예컨대 곤경에 처한 사람을 돕고자 하는 성향을 생각해 보자. 이 성향은 곤경에 처한 사람들이 도움을 받을 수 있게 만들기 때문에 좋은 것이다. 만약 그렇지 않다면, 그것은 그 자체로 가치 있는 것은 아닐 것이다. 그러므로 만약 우리가 행복을 하나의 성향으로 이해한다면, 본래적 가치를 가지는 것은 행복 그 자체가 아니라 행복이 하나의 성향으로 가지고자 하는 긍정적 감정이다.

행복에 관한 연구들은 더 많은 물음들을 탐구하고자 한다. 사람들의 물질적 생활수준의 향상은 그들의 행복을 얼마나 증대시키는가? 쾌락의 적응 현상 — 쾌락 쳇바퀴로도 알려져 있는 현상 — 은 사람들이 일단 기본적 필요를 충족시키고 나면 물질적 생활수준의 향상이 그들의 행복에 거의 영향을 주지 못한다는 것을 의미하는가? 공리주의자들에게 이 모든 물음은 중요하다. 우리가 이 세상의 선을 극대화하고자 한다면, 우리는 선이 무엇인지에 관해서 그리고 그 선을 더 많이 산출하는 방법에 관해서 모두 알 필요가 있다.

4장:
반론

공리주의는 우리에게 비도덕적 행위를 하라고 말하는가?

표도르 도스토예프스키(Fyodor Dostoevsky)의 소설 『카라마조프가의 형제들』에서 이반은 그의 동생 알료사에게 도전적인 물음을 제기한다.

> 인간을 궁극적으로 행복하게 만들어서 최종적으로 인간에게 평화와 안식을 줄 목적으로 네가 인간 운명의 기본 구조를 만들고 있다고 상상해 봐. 그러나 작은 아기를 죽을 때까지 고문 — 예를 들어 그 아기가 주먹으로 자기 가슴을 두드리도록 해서 — 하고 그 아기의 한 서린 눈물 위에 그 구조물을 세우는 것이 필수적이고 불가피하다고 상상해 봐. 너는 이런 조건에서 그것의 건설에 동의하겠니? 말해 봐. 진실을 말해 봐.

이반의 도전은 공리주의에 대한 유명한 반론이다. 쟁점을 명료화하기 위해서 도스토예프스키의 반론의 구조를 보다 형식적으로 정식화하면 다음과 같다.

전제 1. 만약 공리주의가 참이라면, 그것은 어떤 행위가 옳고 어떤 행위가 그른지에 관해서 정확하게 말해 줄 것이다.

전제 2. 죄 없는 아이를 고문해서 죽이는 것이 우리가 할 수 있는 다른 어떤 것보다 더 좋은 결과를 낳는다면, 죄 없는 아이를 고문해서 죽이는 것이 옳다고 공리주의는 말한다.

전제 3. 죄 없는 아이를 고문해서 죽이는 것은 항상 그르다.

그러므로

결론: 공리주의는 거짓이다.

이 기본 구조는 공리주의에 대한 많은 반론들에 적용된다. 그 반론들은 두 번째와 세 번째 전제 안에 언급된 내용만 변형한 것들이다. 공리주의자들과 또는 적어도 도덕 판단과 도덕 판단을 포함하는 이론들을 참 또는 거짓으로 말하고자 하는 사람들은 첫 번째 전제를 받아들일 것이다. 그리고 그들은 모든 전제들이 참이라면 그 결론이 따라 나온다는 것도 부인할 수 없다. (도덕 판단에는 참 또는 거짓이 적용되지 않는다고 생각하는 공리주의자들은 진리의 견지에서가 아니라 그들이 시인하거나 부인하는 것의 견지에서 논증을 재진술할 필요가 있을 것이다.) 그러므로 공리주의를 변호하기 위해서는 공리주의가 문제의 행위를 하라고 말한다는 것을 부인하거나(두 번째 전제의 거부), 아니면 그 문제의 행위가 항상 그르다는 것을 부인할 필요가 있다(세 번째 전제의 거부). 두 번째 전제를 거부하는 한 가지 중요한 전략은 규칙 공리주의이다. 이 전략에 따르면, 개별적 행위를 그것의 결과에 의해 직접적으로 평가하는 것이 아니라 일반적으로 준수할 경우에 최선의 결과를 가져오는 도덕 규칙에 그 행위가 일치하느냐 여부에 따라 평가한다. 우리는 이 전략을 5장에서 다룰 것이다. 그러므로 이 장에서는 우리가 서문에서 정의한 바와 같은 표준적인 공리주의가 그것에 반대하는 반론들을 극복할 수 있느냐에 관해서 다룰 것이다.

『카라마조프가의 형제들』에서 알료사는 이반의 도전에 순순히 굴복하면서 '나는 동의하지 않을 것이다'라고 대답한다. 그러나 알료사가 좀 더 저항했었더라면 그 소설의 철학적 긴장감은 더 높아졌을 것이다. 그 저항의 대화는 아마도 다음과 같이 전개될 수 있을 것이다.

> 이반: 인간을 궁극적으로 행복하게 만들어서 최종적으로 인간에게 평화와 안식을 줄 목적으로 네가 인간 운명의 기본 구조를 만들고 있다고 상상해 봐. 그러나 작은 아기를 죽을 때까지 고문 — 예를 들어 그 아기가 주먹으로 자기 가슴을 두드리도록 해서 — 하고 그 아기의 한 서린 눈물 위에 그 구조물을 세우는 것이 필수적이고 불가피하다고 상상해

봐. 너는 이런 조건에서 그것의 건설에 동의하겠니? 말해 봐. 진실을 말해 봐.

알료사: 하지만 이반. 나는 이해할 수가 없어. 도대체 어떻게 아기를 고문하는 것이 네가 말한 평화롭고 행복한 세상을 만들 수 있다는 것인지? 나한테 설명해 줘. 그렇지 않으면 나에게 불가능한 것을 상상하라고 요구하는 것이니까! 그리고 형도 잘 알다시피 형과 내가 살고 있는 이 세상에서 아이를 고문하는 것은 결코 어떤 선도 행할 수 없어. 그것은 단지 고통과 괴로움과 죽음을 야기할 뿐이야. 그러므로 그것은 그른 것이야.

이반: 그것은 가상 사례야. 아이를 고문하는 것이 어떻게 실제로 더 좋은 세상을 만드는지에 관해서 설명할 필요는 없어. 그저 그럴 것이라고 상상해 봐.

알료사: 이봐 이반. 형의 질문이 우리가 살고 있는 이 세상과는 아무 관계도 없다면, 내 대답 역시 이 세상과는 관련이 없는 대답이 될 거야. 그래서 나는 형이 묘사한 조건 하에서 보편적 평화와 행복이 넘치는 훌륭한 세상의 건설에 동의한다고 대답할 거야. 그러나 명심해야 할 것은 내 대답이 현실 세계에서 무엇이 옳으냐에 관해서는 **아무런 함의도 가지지 않는다는 것이야.**

이반: 알료사. 무슨 말을 하는 거야. 너는 분명히 아이 — 위에서 말한 그 아기처럼 죄 없는 아이 — 를 죽을 때까지 고문하는 것은 항상 그르다는 데 동의했잖아. 나는 네가 정말로 그런 짓을 할 거라고는 절대로 믿지 않아.

알료사: 내가 그런 짓을 할 수 없다는 형의 말은 맞아. 형이 알다시피 나는 부드러운 사람이야. 나의 성향, 어린아이에 대한 공감, 폭력적 행동을 피하는 방식은 폭력이 해악을 낳는 세상에서 형성된 것이야. 그리고 이 세상에서 이 성향들은 나에게 잘 어울리고 형을 포함해서 내 주변에 있는 모든 사람들에게 잘 어울리는 것들이야. 그것이 우리가 친절함을 함양하고 칭찬하는 이유이자 고문을 한다는 생각만으로도, 특히 아이를 고문한다는 생각만으로도 모든 사람이 공포감에 사로잡히는 이유야. 나는 그런 행위를 생각하는 것조차 몸서리가 처져! 하지만 형은 나에게 그것을 **할 수 있느냐**고는 묻지 않았어. 형은 나에게 형이 상세하게 묘사한 가상적 조건 — 나는 아직도 현실적으로 상상할 수 없는 조건 — 에서 형이 묘사한 유토피아의 건설에 **동의하느냐**고 물었을 뿐이야. 내가 보기에 그 질문은 그것을 하는 것이 옳다고 생각하느냐는 질문을 다른 식으로 묻는 것이야. 그리고 아이를 고문한다는 바로 그 생각에 나의 가장 깊은 본성이 움츠러들고 내 영혼의 심연이 그 끔찍한 행위에 반대해서 울부짖는다고 할지라도, 그럼에도 불구하고 이반, 나를 오해하지는 말고, 우리가 살고 숨 쉬고 사랑하고 행위하는 현실

세상과는 아무 공통점도 없는 저 가상적 조건 하에서, 나는
그 행위를 하는 것이 옳다고 생각해.

알료샤의 응답은 설득력이 있다. 현실 세계에서 형성된 직관적 반응을 가지고 있는 우리가 [현실 세계와] 아주 다른 세계에서나 최선의 결과를 낳을 수 있는 행위들에 대해서 혐오감을 느끼는 것은 놀라운 일이 아니다. 그러나 그 반감은 그 행위들이 산출하는 선이 틀림없이 악을 능가하는 상상의 세계에서도 그 행위들이 여전히 그르다고 생각할 충분한 이유는 아니다.

이반은 아이를 고문하는 것이 현실 세계에서 그가 묘사한 결과들을 가져올 수 있다는 것을 보여 주려고 시도하지 않았다. 일부 철학자들은 아직도 공리주의자들을 괴롭히는 보다 현실적인 예들을 제시했다. 맥클로스키(H. J. McCloskey)는 미국 남부에서 여전히 사적인 형벌(lynch)이 일어나고 있던 시절인 1957년에 쓴 글에서 백인 여성이 강간을 당한 어떤 마을의 보안관 사례를 고안해 냈다. 분노한 백인 군중들은 아프리카계 미국인들을 공격하려 하고 그들에게 사적인 형벌을 가하려고 한다. 만약 보안관이 아프리카계 미국인 한 명을 범인으로 몰아 증거를 조작한다면, 군중들은 그에게 사적인 형벌을 가할 것이고 단 한 명의 죄 없는 목숨만 잃게 될 것이다. 맥클로스키에 의하면, 그것이 공리주의자가 해야 하는 것이다 — 그리고 맥클로스키는 보안관이 그런 행위를 하는 것은 확실히 그

르다고 생각했다.

유사한 딜레마를 제기하는 현대적 사례는 환자에게 지금 까다로운 수술을 실시하려고 하는 외과 의사의 예이다. 그 병원에는 장기이식을 받지 않으면 곧 죽게 될 네 명의 환자가 있다. 한 사람은 심장이, 다른 사람은 간이, 두 사람은 신장이 필요하다. 그 의사는 이 사실을 알고 있다. 의사가 지금 수술을 실시하려고 하는 환자는 네 사람 모두에게 완벽한 기증자가 될 수 있다. 그 외과 의사는 까다로운 수술을 성공적으로 수행할 능력이 있다. 그러나 수술 중에 환자가 죽는다고 해도 아무도 놀라거나 환자의 죽음을 조사해야 한다고 생각하지 않을 것이다. 그 외과 의사는 수술 중에 그 환자가 죽도록 만들고, 그의 장기로 네 사람의 생명을 살려야 하는가?

이 두 사례에서 우리는 이반이 알료사에게 제시한 사례와는 달리 옳음에 대한 우리의 일상적 이해에 반하는 행위가 어떻게 생명을 구하는지를 이해할 수 있다. 그러나 범인을 조작하거나 죄 없는 사람을 죽이는 것에 관해 숙고하고 있는 공리주의자는 관련된 모든 사실들에 관해서 높은 수준의 확신을 가질 필요가 있을 것이다. 그리고 실천에서 그런 수준의 확신을 가지기는 어렵다. 그리고 가진다고 해도 그것을 정당화하기는 어렵다. 보안관은 그 강간범이 나중에 범행을 자백해서 죄 없는 사람이 범인으로 조작되었다는 것이 드러나지 않을 것임을 어떻게 아는가? 외과 의사는 자기 환자의 매우 편의적인 죽음이 의심을 사지 않을 것이라고 정말로 확신할 수 있는가? 장기이식은 성공할 것인가? 또 네 명의 환자들의 생명을 구할 다른 방법은 정말로 없는가? 이 두 상황은 모두 신뢰받는 지위에 있는 사람이 자신의 역할에 따르는 의무와 기대를 가능한 한 가장 심각한 방법으로 위반하는 경우이다. 만약 이 사실이 대중에게 알려진다면 더 큰 해로운 결과, 예기치 못한 결과를 가져올 것이다. 만약 그 마을에 사는 인종주의적인 백인 다수가 보안관을 믿지 못하게 된다면, 그들은 자기들이 생각하는 '정의'를 집행하기 위한 수단으로 군중의 사적인 형벌에 의존하게 될 가능성이 크다. 만약 환자들이 의사가 다른 환자들을 돕기 위하여 자신들을 죽일지도 모른다는 사실을 안다면, 그들은 병원을 떠나려고 할 것이고, 아마도 그 결과로서 그들 중 일부는 죽을 것이다. 그러므로 발각될 위험이 적을 때조차도 균형추는 죄 없는 사람을 범인으로 조작하는 보안관이나 환자를 죽이는 의사에 반대하는 쪽으로 기울기에 충분하다.

이 장의 시작 부분에서 제시한 논증 구조의 견지에서 보면 공리주의적 전략은 여기서 전제 2를 직접 부인하지는 않는다. 공리주의자들은 보안관이 죄 없는 사람을 범인으로 조작하거나 의사가 회복될 수 있는 환자를 고의적으로 죽이는 것이 옳은 것이 되는 상황을 상상할 수도 없다고 주장할 수 없다. [그런 상황을 상상할 수는 있다.] 대신에 공리주의자들은 그런 상황들이 실제로 일어날 가능성은 없다고 주장할 수 있다. 그러나 기대와는 반대로 우리가 그러한 상황에 처한다면 공리주의자는 전제 3에 도전하면서 그 행위가 그른 것이 아니라고 주장할 것이다. 만약 그것이 우리의 직관과 갈등한다면, 그것은 우리의 직관이 우리가 직면할 가능성이 더 높은 상황들에 반응하도록 진화되었기 때문이다. (2장에서 살펴본) 그린의 카메라 비유를 적용해 보면, 우리의 직관은 자동 모드이고, 특별한 상황에서 공리주의적 판단은 수동 모드이다. 그리고 이 가상적 상황들은 실제로 매우 특별한 상황들이다.

이런 응답은 어떤 행동들은 생각이 필요 없을 만큼 너무나 확실히 그르다고 생각하는 사람들을 만족시키지 못할 것이다. 영국의 도덕철학자이자 가톨릭교도인 엘리자베스 앤스콤(Elizabeth Anscombe)은 2001년에 사망한 완강한 공리주의 반대자였다. 그녀는 다음과 같이 쓰고 있다. '만약 죄 없는 사람을 법적으로 처형하는 것과 같은 행동을 우리의 고려에서 전적으로 배제해야 하는지가 물을 가치가 있는 열린 물음이라고 누군가 정말로 미리 생각한다면, 나는 그런 사람과는 논의를 하지 않을 것이다. 그는 이미 타락한 정신을 보여 주고 있기 때문이다.' 앤스콤은 고의적으로 죄 없는 사람의 생명을 빼앗는 것이 항상 그르다고 주장하는 그녀 나름의 이유를 가지고 있다. 그러나 한 사람의 철학자로서 그녀는 자신의 윤리적 견해를 변호하기 위하여 자신의 종교적 신념을 끌어들여서는 안 된다. 아마도 이것이 그녀가 어떤 논증도 제시하지 않는 대신에 우리가 공유하고 있다고 가정하는 직관에 호소하는 이

유일 것이다. 우리는 당연히 그러한 직관들을 공유할 것이다. 그러나 우리가 이미 살펴본 바와 같이 이 직관들의 존재는 설명될 수 있으며, 그 설명에 따르면 이 직관들이 참인 도덕원리 또는 정당화 가능한 도덕원리에 대한 믿을 만한 지표라고 생각할 그 어떤 이유도 없다.

공리의 측정

공리주의는 우리에게 최선의 결과를 낳는 것을 하라고 말한다. 그리고 여기서 '최선의 결과'란 불행을 제하고 난 가능한 최대의 행복 또는 고통을 제하고 난 가능한 최대의 쾌락을 의미한다. 그렇다면 우리는 이 심리 상태의 양을 측정할 필요가 있다. 그러나 우리가 단지 한 사람에게만 초점을 맞춘다고 할지라도, 가령 나 자신만을 생각해 보더라도, 나는 오늘 나의 행복을 측정할 수 없다. 그리고 작년의 같은 날보다 오늘이 2.6배 행복하다고 말할 수 없다. 공리의 개인 간 비교는 훨씬 더 어렵다. 다음 주말에 나는 배우자와 함께 도보 여행을 갈 수 있을 것이다. 그것은 우리 둘 모두에게 즐거운 하루가 될 뿐만 아니라 우리의 건강 유지에도 도움이 될 것이다. 아니면 나는 외로운 나의 할머니를 방문하여 그녀를 즐겁게 해 드릴 수도 있을 것이다. 이 둘 중에 공리를 가장 많이 증가시키는 것은 어느 것인가? 우리는 어떻게 알 수 있는가?

사회적 정책 결정도 유사한 문제를 야기한다. 가령 공공 수송 계획의 변화가 인구의 90%를 약간 더 행복하게 만들지만 10%를 훨씬 덜 행복하게 만든다고 하자. 우리는 그것을 지지해야 하는가? 이 물음에 대해 완전한 대답을 하기 위해서는 10% 사람들의 행복의 감소가 90% 사람들의 행복의 증가보다 9배 이상 더 큰가를 평가할 수 있는 방법이 필요하다. 그러나 우리는 그러한 비교를 할 수 있는 어떤 방법도 가지고 있지 않다.

행복을 측정하는 수단에 대한 탐구는 새로운 것이 아니다. 에지워스(F. Y. Edgeworth)는 1881년에 『수학적 심리학(Mathematical Psychics)』을 출판했다. 그는 시지윅의 제자로서 경제학에 중요한 공헌을 했다. 에지워스는 그 책에서 사람이 경험하는 쾌락의 강도를 측정하는 장치인 헤도니미터(hedonimeter)라는 쾌락 측정기를 구상했다. 이 측정이 유용하기 위해서는 측정의 단위가 필요하다. 에지워스는 그러한 단위는 다음과 같은 방식으로 발견될 수 있을 것이라고 생각했다. 가령 우리가 두 개의 다른 쾌락 A와 B를 비교한다고 가정하자. 그런데 우리는 그것들이 똑같은 쾌락을 준다고 판단한다. 그래서 우리는 두 쾌락 간에 어떤 선호도 지니지 않는다. 만약 쾌락 A가 증가해서 쾌락 B와 정확하게 구별될 수 있는 지점까지 이르게 된다면, 그때 우리는 쾌락의 한 단위가 증가되었다고 말할 수 있다. 그러므로 측정의 단위는 쾌락의 '정확하게 지각 가능한 증가분'이다. 에지워스는 시간이 지나도 어떤 개인에게는 이것이 일정할 것이라고 주장했다. 심지어 그는 훨씬 더 대담하게 '언제 어떤 유정적 존재자가 경험한다고 하더라도 정확하게 지각 가능한 어떠한 쾌락-증가분도 동일한 가치를 가진다'고 주장하기도 했다. 에지워스는, 일단 이것이 수용된다면, 나머지는 단순한 계산의 문제라고 생각했다. 즉, 어떤 행위나 정책이 옳은지 아니면 그른지를 결정하기 위해서는 관련된 유정적 존재자의 수에 증가분의 수를 곱하면 된다.

에지워스가 그의 쾌락 측정기를 구상한 후 한 세기 이상 동안, 행복을 측정하는 과제는 실현 불가능한 것으로 포기되었다. 그러나 최근에 그것에 대한 관심이 되살아났다. [쾌락 측정에 관한 관심을 되살린 사람들 가운데 하나는 대니얼 카너먼(Daniel Kahneman)이다.] 카너먼은 인간의 합리성에 관한 경제학의 가정에 도전한 공로로 노벨 경제학상을 받은 심리학자이다. 그는 자신의 연구에 지원자들을 모집한 다음, 그들에게 임의의 시간 간격을 두고 그 특수한 순간에 그들의 경험이 얼마나 긍정적인지를 평가하는 척도에 따라 휴대폰으로 숫자를 입력하라고 요구하였다. 그 데이터는 한 개인이, 가령 엠마가 서로 다른 시간에 얼마나 행복한지를 비교하는 데 사용될 수 있다. 그러나 [그 데이터는 개인 간의 행복을 비교하는 데 사용될 수는 없다.] 그것은 엠마가 그 척도에 따라 가장 높은 점수를 기입했을 때, 자신의 경험을 그 척도의 중간보다 약간 높게 평가한 미키보다 그녀가 더 행복하다고 말할 수 있는 근거를 제공하지는 않는다. 우리는 이 숫자들을 다음과 같은 [판단의] 증거로, 즉 엠마는 이전만큼 행복한 데 반해서 미키는 현재보다 이전이 훨씬 더 행복했다는 [판단의] 증거로 간주할 수 있다. 그럼에도 불구하고 반쯤 채워진 더 큰 병보다 완전히 채워진 작은 병의 양이 더 적을 수 있는 것과 마찬가지로, 미키의 행복 능력이 엠마의 행복 능력을 훨씬 능가할 수도 있다. 그래서 척도의 중간 근처로 나타낸 미키의 마음의 상태가 척도의 정점에 표시한 엠마의 마음의 상태보다 더 행복할 수 있다.

보건 경제학자들은 건강관리 조정 정책의 이익을 비교하기 위하여 그리고 이 조정 정책들이 국가 보건 예산에서 재정을 배분받는 지침을 제공하기 위하여 다른 측정 방법을 사용해 왔다. 이 분야에서 가장 공통적으로 사용되는 측정의 단위는 '삶의 질을 고려한 수명 연한(quality-adjusted life-year)' 또는 QALY이다. 여기에 담긴 생각은 보건 — 건강관리 — 에 의해서 달성되는 한 가지 선은 수명 연장이지만, 병원 침대에 누워서 1년을 사는 것은 정상적인 건상 상태로 1년을 사는 것만큼 좋은 것은 아니라는 생각이다. 그것이 얼마나 덜 좋은지를 알아내기 위하여 연구자들은 사람들에게 그들의 건강에 다양한 이상이 생겼다고 상상해 보라고 요구한 다음에, 그 건강 이상을 치료하기 위하여 그들의 삶의 몇 년을 포기할 것인지 물었다. 가령 당신이 20년의 기대 수명을 가진 사지마비 환자라고 가정하자. 의사가 당신에게 새로운 치료법을 제안한다. 그런데 그 치료법은 당신에게 정상적인 건강과 운동성을 회복시켜주지만 당신의 기대 수명을 5년으로 줄인다. 당신은 심사숙고

한 후 그 치료를 받지 않기로 결정한다. 그러자 의사가 다시 돌아와서 치료 후 당신의 기대 수명이 15년인 새로운 치료법을 보여 준다. 당신은 그 치료를 받기로 동의한다. 우리는 당신의 손익분기점, 즉 그 치료를 받아야 할 것인지 말아야 할 것인지에 관해서 분명한 견해를 가지지 못하는 지점이 어디냐고 물을 수 있다. 계산을 간단히 하기 위해서 그것이 10년의 기대 수명이라고 하자. 그것은 당신의 사지마비를 치료하기 위하여 당신의 기대 수명의 절반은 기꺼이 포기하지만 그 이상은 아니라는 것을 의미한다. 그러므로 당신은 사지마비 환자로서의 1년의 삶을 정상적인 건강을 지닌 반년의 삶의 가치만을 지닌 것으로 간주한다. 당신의 손익분기점이 무엇이었건, 그것을 통해서 연구자들은 생명 연장과 사지마비 치료와 같이 매우 다른 것들의 가치를 비교할 수 있게 된다. 카너먼의 척도와는 대조적으로 QALYs는 더하고 빼고 곱하고 나눌 수 있다. QALYs도 여전히 한 사람의 좋은 건강 상태에서의 1년의 삶이 다른 사람의 그것만큼 복지나 행복감을 가져다주는지에 대해서는 말해 주지 않는다. 그러나 정책 계획 목표들을 설정하기 위해서 벤담의 표현대로 '그 나라 안의 모든 사람은 하나로 계산되어야지 누구도 하나 이상으로 계산되어서는 안 된다'고 가정되고 있다.

QALYs가 기반하고 있는 증거는 도전받을 수 있다. 예를 들어, 우리가 사지마비 상태의 삶을 평가하는 방법을 알길 원한다면, 일반 대중들 가운데 일부를 모집해서 그들이 사지마비가 된 상태를 상상하라고 요구한 다음에 사지마비의 치료와 몇 년의 기대 수명을 맞바꿀 것인지 물어야 하는가? 아니면 우리는 이미 사지마비 상태에 있는 사람들에게 물어야 하는가? 그리고 만약 그렇다면 우리는 단지 최근에 사지마비 상태가 된 사람들에게 물어야 하는가? 아니면 장기간 사지마비 상태인 사람들에게 물어야 하는가? 건강한 사람들은 아마도 그들이 사지마비가 되어 침대에 누워 있는 상태에서의 삶에 대해 왜곡된 생각을 가질 가능성이 있다. 그러나 장기 사지마비 환자들도 사지마비 환자가 되기 전에 그들이 훨씬 더 좋은 삶을 살았다는 것을 잊고 그들의 삶의 기대 수준을 하향 조정했을 가능성이 있다. 그럼에도 불구하고 우리가 자원 배분 결정을 피할 수 없는 한, QALYs를 사용하는 것은 상이한 보건 정책을 통해서 얻게 되는 이익을 측정하려는 시도를 포기하는 것보다는 더 나은 것처럼 보인다. 어쨌든 이것이 영국 국립보건임상연구원(United Kingdom's National Institute for Health and Care Excellence)과 같은 정부 기관의 견해이다. 그 연구소는 보건 자원의 할당을 제안하는 데 QALYs를 사용한다.

공리의 개인 간 비교가 가능한가의 문제는 불분명하다. 신경과학의 발전 덕분에, 우리는 이제 처음으로 누가 쾌락이나 고통을 경험하고 있는지를 드러내 주는 뇌 안에서의 활성화를 관찰할 수 있다. 우리는 더 정확하게 뇌의 활성화를 피험자가 경험하고 있는 쾌락이나 고통의 강도와 상호 관련지을 수 있게 되었다. 그러나 우리는 여전히 동일한 뇌 상태를 나타내는 서로 다른 사람들이 동일한 강도의 쾌락과 고통을 경험하는지는 알지 못한다.

그러나 우리가 아직 공리를 측정하는 방법을 가지고 있지 못하다면, 그 문제는 공리주의자들만의 문제는 아니다. 다른 도덕 이론들은 우리가 준수해야만 하는 도덕 규칙들을 제정한다. 그러나 그 규칙들은 항상 우리의 행위의 영역을 미결정인 채로 남겨 둔다. 공리주의자이건 아니건 모든 사람은 결정을 내린다. 그리고 우리의 선택에 의해서 영향 받는 사람들의 행복이나 불행은 그 결정에서 무시해서는 안 되는 한 가지 요소이다. 이런 상황에서 우리는 종종 우리의 결정이 가져올 영향들을 대략적으로 평가하려고 한다. 우리가 주말에 할머니를 방문하지 않으면 할머니가 얼마나 상심하실까? 우리가 도보 여행을 갔다면 누릴 수 있었던 맑은 공기, 활력, 성취감을 갖지 못해서 우리는 한 주 내내 기분이 나쁠 것인가? 다른 사람들과 마찬가지로 공리주의자들도 잘못된 답변을 제시한다. 그러나 공리주의자들이 이용 가능한 관련 정보를 모으기 위해 진정으로 노력하고 그 증거에 기초해서 할 수 있는 최선의 판단을 내리려고 노력하는 한, 그들의 판단이 그른 것으로 밝혀진다고 하더라도 그들은 비난받지 않을 것이다.

공리주의가 요구하는 엄격한 계산을 우리가 항상 할 수는 없다는 것을 벤담 자신은 알고 있었다. 어떤 특수한 정책의 비용과 편익을 합산하는 과정에 관해서 그는 다음과 같이 쓰고 있다. '모든 도덕 판단이나 모든 입법적 또는 사법적 활동 이전에 이 과정이 엄격하게 추구되어야 한다고 기대해서는 안 된다.' 우리는 그 과정을 염두에 두어야 하고, 우리가 그 과정에 가까이 다가갈수록 우리의 판단은 더 정확해질 것이라고 그는 생각했다.

공리 측정의 분명한 난점들에도 불구하고 어떤 행위가 최선의 결과를 가져올지 아주 분명한 상황들도 많이 있다. 종종 이런 상황들에서 우리는 관습적인 도덕 규칙들이 행위하라고 지시하는 것들을 함으로써 공리를 극대화한다. 누군가가 내게 가장 가까운 기차역에 가는 방법을 묻고 내가 그 답을 알고 있다면, 나는 그에게 아무 대꾸도 하지 않거나 거짓말을 하는 것보다 그가 찾는 정보를 제공함으로써 공리를 극대화할 가능성이 매우 크다. 보통의 경우에 다른 사람을 돕는 것은 그들을 해치는 것보다 더 많은 선을 행하게 된다. 그러나 6장에서 공리주의의 적용을 다룰 때 우리가 살펴보게 될 다른 영역에서는 공리주의자들이 관습적인 도덕 규칙들에 도전하는 데 있어서 굳건한 기반 위에 서 있음을 보여 준다.

공리주의는 너무 과도한 요구를 하는가?

전통적 도덕은 보통 우리가 해서는 안 되는 것들을 알려 주는 규칙의 집합으로 이루어져 있다. '살인해서는 안 된다,' '도둑질해서는 안 된다,' '거짓말해서는 안 된다' 등과 같은 것이 그런 규칙들이다. 일상생활에서 그런 규칙들을 따르는 것은 특별히 어렵지 않다. 그리고 우리는 그 도덕 규칙들을 위반하지 않는 한 윤리적으로 해야 하는 것들을 다하고 있다고 믿는 경향이 있다. 이와는 달리 공리주의는 그와 같이 부정적(소극적) 규칙들에 따라 사는 삶이 도덕의 요구를 충족한다고 생각하지 않는다. 공리의 원리는 우리에게 최선의 결과를 가져오는 것을 하라고 요구한다. 그것을 가장 잘할 수 있는 방법은 우리의 여건에 따라 다를 것이다. 그러나 다른 사람들이 극심한 빈곤에 시달리고 있을 때 우리가 사치품을 사는 데 돈을 낭비하고 있다면, 우리는 그들을 도와야 하는 것처럼 보인다. 그리고 우리가 그들을 돕는 데 있어서 한계를 정하기도 어렵다. 우리가 돕고 있는 사람들을 더 많이 도울 경우에, 그들을 이롭게 하는 것만큼 우리 자신이 해롭게 되는 상황에 이르게 될 때까지 우리는 그들을 도와야 한다. 이런 도덕은 너무 과도한 요구를 하는 것처럼 보인다.

예를 들어 당신은 런던에 살고 있다. 지금은 2월이고, 당신은 축축하고 우울한 날씨에 지쳐 있다. 그런데 당신은 모로코에서의 겨울 휴가를 선전하는 광고를 본다. 당신은 휴가를 즐기고 싶다. 그러나 그 전에 당신은 휴가 비용으로 얼마나 좋은 일을 할 수 있는지 점검해 보기로 한다. 당신은 개발도상국의 곤란한 사람들을 돕는 단체인 The Life You Can Save(당신이 구할 수 있는 생명)에 문의하기로 한다. 비용-효과적인(cost-effective) 자선을 권장하는 The Life You Can Save는 웹 사이트에 영향 계산기(impact calculator)를 가지고 있다. 당신은 휴가 비용을 입력하고 몇 가지 자선을 선택한다. 당신은 태양 아래서의 일주일의 휴가 비용으로 평균 3년 동안 600명을 말라리아에서 구하거나 아니면 실명 위기에 있는 40명의 시력을 회복시켜 줄 수 있다. 휴가를 가는 것은 그러한 자선 단체들 가운데 하나에 기부를 하는 것만큼의 선을 산출하지 않을 것이다. 그래서 공리주의는 당신의 겨울 휴가는 정당화될 수 없다고 말한다. 동일한 기준에 의해서 고급 식당에서 식사하는 것에서부터 돋보이기 위해서 새 옷을 사는 것에 이르기까지 사람들이 별 생각 없이 돈을 쓰는 많은 항목들 역시 허용 불가능하게 될 것이다. 그리고 문제는 단지 돈만이 아니다. 친구와 채팅하면서 많은 시간을 보내는 대신에 당신은 좋은 일을 하는 단체를 위해서 자원봉사를 해야 하지 않겠는가?

도덕이 정말로 그와 같이 과도한 요구를 할 수 있는가? 또는 그것은 일부 비판자들이 주장하듯이 공리주의를 인간을 위한 도덕이 아니라 성자를 위한 도덕으로 만드는가?

공리주의자들은 자신들의 이론의 엄격함을 완화하려고 시도할 수 있다. 휴가가 없다면 아마도 우리 업무의 효율성이 떨어질 것이다. 우리가 휴식도 없고 친구나 가족과 함께 하지도 않으면서 항상 선을 행하려고 노력한다면, 우리는 곧 지쳐 버릴 것이고 그래서 장기적으로 더 적은 선을 행하게 될 것이다.

그러므로 아마도 우리는 처음에 보았을 때만큼 우리 자신에게 엄격할 필요는 없을 것이다. 그럼에도 불구하고 우리가 정직하다면 우리들 대다수는 우리가 할 수 있는 만큼의 선을 행하지 않는다고 인정해야 할 것이다.

공리주의자들은 또한 보다 강경 노선의 반응을 보일 수도 있다. 그들은 어떤 이론의 '과도한 요구(demandingness)'는 그것을 거부하는 이유가 되지 못한다고 주장할 수도 있다. 과도한 요구는 도덕 이론 자체의 특징이 아니라, 특수한 특징들을 지닌 세계에서 특수한 본성을 지닌 존재들에게 적용되는 도덕 이론의 특징이다. 빈부 격차가 없고 고립된 부족 공동체의 세계에서 공리주의는 아주 과도한 요구를 하지는 않을 것이다. 다양한 종류의 사치품을 즐기는 많은 부유한 사람들과 극빈 상태에서 살고 있는 많은 사람들이 함께 살고 있는 세계에서 그리고 부유한 사람들이 가난한 사람들을 도울 수 있는 효과적인 통로들이 존재하는 세계에서 공리주의는 더 과도한 요구를 할 것이다. 그럴 때조차도 부유한 사람들 모두 또는 대다수가 그들의 자원 가운데 적은 부분을 극빈 상태에 있는 사람들을 돕는 데 기부한다면, 공리주의가 아주 과도한 요구를 한다고 볼 수는 없다. 왜냐하면 극빈 상태에 있는 사람들의 가장 중요한 욕구들은 충족될 것이 분명하지만, 그 이상의 추가적인 자원의 이전이 전체 공리를 증가시킬 것인지는 덜 분명하기 때문이다. 공리주의가 그것의 지침을 따르려고 하는 사람들에게 너무 과도한 요구를 하게 된 것은 오직 극빈 상태에 있는 사람들을 돕는 의미 있는 일을 하는 부유한 사람들이 상대적으로 너무 적기 때문이다. 여기에다 대다수 부유한 사람들이 의존하는 화석연료 에너지의 온실가스 배출과 육식 위주 식단에 관한 사실들을 추가적으로 고려하면 공리주의는 여전히 더 과도한 요구를 하게 된다. (그러나 합당한 윤리라면 어떤 윤리도 공리주의와 같은 요구를 할 것이다.)

오늘날 부유한 사람들은 공리주의가 매우 과도한 요구를 하는 세상에 살고 있고 그 부유한 사람들 가운데 극히 소수만이 성자라는 점을 고려해 볼 때, 부유한 사람들 대다수는 자신들의 의무에 따라 살려고 하지 않는다. 자신의 의무에 따라서 살지 않는 것에 대한 관례적 반응은 비난이다. 이 비난은 비난받은 사람들이 그들이 해야 하는 것을 하지 않은 것에 대해서 죄책감을 느낄 것이라는 기대 하에서 이루어진다. 그러나 공리주의는 칭찬과 비난에 대해서 다른 접근을 취한다. 공리주의적 접근의 핵심은 '우리는 무엇을 해야 하는가?'라는 물음과 '우리가 행위를 한 사람을 칭찬하거나 비난해야 하는가?'라는 물음을 구별하는 것이다. 누군가를 칭찬하거나 비난하는 것은 하나의 행위이다. 따라서 그 행위 역시 그것의 결과에 근거해서 평가받아야 한다. 한 친구가 매우 효과적인 자선단체를 신중하게 선택해서 자신의 수입의 10%를 기부한다고 하자. 그러나 당신은 그 친구가 옷을 조금 더 적게 사고 덜 비싼 옷을 산다면 더 많은 기부를 할 수 있고 더 많은 선을 행할 수 있다는 것을 알고 있다. 당신은 그 친구가 할 수 있는 만큼의 많은 선을 행하지 않았다고 그녀를 비난해야 하는가? 매우 적은 사람들이 자신의 수입의 10% 가량을 자선 단체에 기부하는 사회에서, 그것은 확실히 비생산적일 것이다. 그녀는 의기소침해 할 것이다. 그리고 10%를 기부한 사람도 더 많이 기부하지 않았다고 비난받는다면, 또 이런 사실을 더 적게 기부하거나 전혀 기부하지 않는 사람들이 안다면, 그들은 아예 기부하려고 들지 않을 것이다. 우리는 우리 사회의 윤리적 삶의 기준이 높아지기를 원한다. 그리고 우리 사회의 윤리적 삶의 기준 이상으로 잘 기부하는 사람들을 칭찬하는 것이 그렇게 하는 한 가지 방법이다.

칭찬과 비난은 정도의 차이를 인정한다. 그래서 우리는 사람들이 현재의 기준보다 얼마나 높거나 낮은지에 비례해서 칭찬과 비난을 다르게 할 수 있다. 그렇다면 왜 칭찬과 비난에 대해서뿐만 아니라 공리주의자들이 내리는 모든 윤리적 판단에 대해서도 똑같이 해서는 안 되는가? 공리주의자들은 윤리학에서 우리가 옳고 그름 사이의 단 하나의 선택을 가지고 있는 것이 아니라 어떤 것들은 다른 것들보다 더 좋다는 [식의 정도의 차이를 인정하는] 선택의 스펙트럼을 가지고 있다고 인정하는 것이 더 적합하지 않겠는가? 이 견해는 '정도 공리주의(scalar utilitarianism)'로 알려져 있는데, 이 용어는 철학자 알래스테어 노어크로스(Alastair Norcross)가 만든 것이다. '정도 공리주의'는 존 스튜어트 밀의 공리주의에 대한 정의 속의 표현에서 아이디어를 얻은 것이다. 그 정의에 따르면, '행위들은 그것들이 행복을 증진하는 경향에 비례해서 옳고, 그것들이 행복의 반대인 불행을 산출하는 경향에 비례해서 그르다.' 그러나 비교적 최근까지 아무도 이 정의 안에 있는 행위가 '더 옳거'나 '덜 옳을' 수 있다는 주장에 많은 관심을 기울이지 않았다.

이 정도론(scalar view)은 우리가 극빈 상태에 있는 사람들을 위해서 얼마나 많은 것을 해야 하는가라는 문제에 잘 적용된다. 왜냐하면 우리는 점진적으로 우리의 기부를 늘릴 수 있고 그래서 우리가 1페니를 더 기부함으로써 어느 지점에선가 잘못 행위한 것을 멈추고 이제 옳은 것을 행하고 있다고 말하는 것은 역설적이기 때문이다. 아마도 우리는 옳고 그름의 개념 또는 우리가 수행하거나 수행하지 말아야 할 의무라는 개념을 포기하고, 대신에 우리가 기부를 늘림에 따라 우리의 행위가 꾸준히 더 좋아진다고 말해야만 할 것이다. 사실, 어떤 행위가 옳거나 아니면 그르다는 생각은 본래적 가치의 극대화를 강조하는 도덕보다 규칙에 대한 준수를 강조하는 도덕에 더 잘 어울린다. 그럼에도 불구하고 옳고 그름의 개념들은 윤리에 관한 우리의 사고방식 안에 너무 깊이 뿌리박혀 있어서 그 개념들을 포기하기는 어렵다. 우리는 칭찬과 비난을 사용함으로써 그 문제를 적어도 부분적으로는 해결할 수 있다. 이런 점을 고려하면 더 근본적인 수정을 시도할 가치가 있는지는 분명하지 않다.

공리주의는 우리의 특별한 의무를 무시하는가?

예기치 못한 파도에 휩쓸려서 세 명의 아이들이 깊은 바다로 떠내려가고 있다. 그중 두 명의 아이들이 내 왼쪽에 있다. 나는 수영을 잘 하기 때문에 그 둘을 구할 수 있다. 세 번째 아이는 내 오른쪽에 있다. 내가 오른쪽에 있는 여자아이를 구한다면 다른 두 명의 아이들은 익사할 것이다. 한 사람 대신 두 사람을 구하는 것이 공리를 극대화하는 방법이다. 그러나 그 한 사람은 내 딸이다. 만약 공리주의자가 나에게 다른 사람들을 구하고 내 딸을 익사하도록 내버려 두어야 한다고 말한다면, 그것은 부모가 자녀에 대해서 가지는 특별한 의무(special obligation)를 무시하는 것이 아닌가? 만약 공리주의자들이 공평한 관점에서 항상 선을 극대화하고자 한다면, 그들은 결함 있는 부모, 배우자, 친구가 될 가능성이 크다.

『정치적 정의에 관한 연구』의 저자인 고드윈과 동시대의 벤담은 공리를 극대화하는 것이 가까운 가족 관계보다 더 우선한다는 견해를 옹호한 몇 안 되는 공리주의자들 가운데 하나이다. 고드윈은 그의 책의 유명한 구절에서 불타는 건물 안에 갇혀 있는 두 사람 가운데 한 사람만 구할 수 있는 경우를 상정한다. 그중 한 사람은 (17세기 말과 18세기의 유명한 작가인) 페넬롱 대주교이고, 다른 한 사람은 청소하는 하녀이다. 고드윈은 자신이 페넬롱 대주교를 구해야 한다고 주장한다. 왜냐하면 그렇게 함으로써 그는 페넬롱 대주교의 작품을 읽고 '오류와 악덕 그리고 그것에 뒤따르는 불행'을 치유해 온 수천 명의 사람들을 도울 수 있기 때문이다.

청소하는 하녀가 나의 아내, 나의 어머니 또는 나의 은인이라고 가정하자. 그래도 그 사실이 그 주장의 진리성을 바꾸지는 못한다. 페넬롱의 생명은 하녀의 생명보다 훨씬 더 가치 있을 것이다. 그리고 정의 — 순수하고 완전한 정의 — 는 여전히 가장 가치 있는 것을 선호할 것이다. 정의는 나에게 하녀의 목숨을 희생시키더라도 페넬롱의 목숨을 구하라고 가르칠 것이다. 도대체 '나의'라는 대명사 안에 어떤 마법이 숨어 있기에 불변의 진리의 결정을 뒤집을 수 있단 말인가?

고드윈은 이 입장 때문에 많은 비판을 받았다. 그리고 그 자신도 메리 울스턴크래프트와의 관계로 인해서 편파성(편애)에 대해서 더 수용적으로 되었다. (고드윈과 울스턴크래프트의 관계는 그녀가 딸 메리 울스턴크래프트 셸리Mary Wollstonecraft Shelley를 낳은 후 비극적으로 사망함에 따라 짧게 끝났다. 셸리는 『프랑켄슈타인 *Frankenstein*』의 저자이다.) 고드윈에 의하면, 그러한 애착들은 우리 자신의 행복의 원천일 뿐만 아니라, 우리의 감수성을 일깨우는 데 도움이 되며, '낯선 사람과 대중을 위해서 봉사하도록 자극할' 가능성이 크다. 우리가 일단 그런 관계를 맺게 되면 '우리가 가장 친밀하게 알고 있고 그래서 그들의 복지와 공감이 우리 자신의 것과 하나가 된 사람들을 위해서 가장 강력한 이해 관심을 느끼지 않는 것은 불가능하다.' 고드윈은 이 편익들이 가까운 관계에 있는 사람들이 그들이 사랑하는 사람과 낯선 사람 사이에서 공평하기가 불가능하다는 사실보다 더 중요하다고 주장한다.

다른 사랑하는 관계들, 즉 부모와 자식의 관계, 다른 가족 구성원들 간의 관계, 친구 관계에 관해서도 동일하게 말할 수 있다. 아이들이 사랑하는 가까운 가족 안에서 잘 자란다는 증거는 많다. 그러므로 공리주의자들이 부모들에게 자신의 자녀를 사랑하고 따뜻하게 보살피라고 촉구하는 것은 정당하다. 아이들은 성장해 가면서 자연스럽게 그러한 감정들을 주고받을 것이고, 형제자매들과 가까운 친구들 역시 서로를 좋아하고 지지하는 편애의 관계를 맺게 될 것이다. 대다수 사람들에게 그러한 관계는 좋은 삶에 필수적인 부분이다. 파핏은 그러한 관계의 과정에서 일어나는 과도하게 편파적인 행위를 '비난할 수 없는 그른 행위(blameless wrongdoing)'라고 부른다. 그런 행위는 그르다. 그러나 그런 행위를 하는 사람들의 동기는 이 가까운 관계에 함께 따라오는 사랑의 필수적 부수물이다. 그리고 우리는 사람들이 가까운 관계를 맺는 것을 방해하고 싶지 않다. 그러므로 공리주의자들은 이러한 동기들을 가지고 그것에 따라 행위하는 사람들을 비난해서는 안 된다. 동시에 공리주의자들은 낯선 사람들에게 더 많은 선을 행하기 위하여 자신의 자녀들에 대한 편애(편파성)를 극복하려고 노력하는 아주 드문 사람들을 칭찬할 수 있다. '건강의 동반자들(Partners in Health)'이라는 단체의 공동 창립자인 폴 파머(Paul

Farmer)는 이런 사람들 가운데 한 사람이다. 하버드 의대 대학원생이었던 그는 미국에서 부유한 사람들을 치료하면서 안락한 삶을 사는 대신에 아이티에서 가난한 시골 사람들을 위한 건강 클리닉을 운영했다. 결혼을 하고 아이가 태어난 후, 그는 자신이 치료하고 사랑했던 아이들보다 자신의 아이를 더 사랑한다는 것을 깨닫고 나서 혼란에 빠졌다. 파머의 전기 작가인 트레이시 키더(Tracy Kidder)는 일부 사람들이 파머에게 그가 자신의 아이를 사랑하는 것만큼 다른 사람들의 아이들을 사랑할 수 있다고 생각한다는 것, 그것만으로도 그를 비난할 것이라고 말했다. 파머는 대답하기를 '보세요. 세계의 모든 위대한 종교적 전통들은 "네 이웃을 너 자신처럼 사랑하라"고 말합니다. 죄송합니다. 저는 그러지 못했습니다. 하지만 저는 그렇게 하려고 계속 노력 중입니다. 이것이 제 대답입니다.' 자기 아이 이외의 다른 아이들을 잊지 않기 위해서 파머는 자기 딸의 사진과 함께 같은 또래의 아이티 아이의 사진을 가지고 다닌다. 그 아이의 부모 중의 하나는 영양실조로 고통 받고 있다. 이러한 태도로 인해서 파머는 그가 자기 아이에게 최선을 다할 때보다 훨씬 더 많은 선을 행할 수 있었다. 그러나 파머가 자기 아이를 너무나 사랑한 나머지 '건강의 동반자들'에서 자신의 일을 포기했다고 해도 우리는 그 행위 때문에 그를 비난해서는 안 될 것이다. 하지만 [만약 그가 아이 때문에 자선 단체 활동을 포기했다면] 그것은 하지 말았어야 할 그른 행위이다.

'인격의 개별성' 무시

『정의론』에서 롤스는 공리주의에 도달하는 '가장 자연스러운 방법은 한 사람을 위한 합리적 선택의 원리를 사회 전체를 위해서 채택하는 것이다'라고 쓰고 있다. 한 사람의 입장에서 볼 때, 나중의 더 큰 고통을 방지하기 위하여 지금 약간의 고통을 수용하는 것은 합리적이다. 그러나 롤스에 의하면, 공리주의자들은 이 생각을 사회 전체로 전이시켜서, 다른 사람이 더 큰 고통을 경험하지 못하도록 하기 위하여 한 사람에게 약간의 고통을 가하는 것은 정당하다고 생각한다. 롤스에 의하면 이것은 오류이다. 그것은 '공리주의가 사람(인격)들 간의 차이를 신중하게 다루지 않는다'는 것을 보여 준다. 이것은 오늘날 공리주의에 대한 표준적인 반론이 되었다. 그러나 도대체 그것이 의미하는 바는 무엇인가? 2장에서 살펴본 것처럼, 시지윅이 자신의 연구가 실패했다고 생각했던 이유는 바로 그가 개인들 간의 차이가 '실재적이고 근본적'이라는 것을 부인할 수 없었고, 그 결과로서 이기주의를 논박할 수 없었기 때문이다. 도대체 그가 어떤 식으로 개인들 간의 차이를 신중하게 다루지 않았단 말인가?

공리주의자들은 다른 사람들의 편익을 위해 한 개인에게 비용을 부과하는 것이 정당화될 수 있다고 주장한다. 그러나 그들은 이것이 참인 이유가 한 개인이 나중의 더 큰 고통보다 현재의 더 적은 고통을 선택하는 것이 합리적이기 때문이라고 주장하지는 않는다. 이것들은 구별되는 주장들이다. 그리고 많은 사람들이, 즉 공리주의자들과 비공리주의자들 모두가 이 둘을 같이 주장한다. 고소득자에게 세금을 부과하고 그 세수를 사용하여 곤궁한 다른 사람들에게 편익을 주는 것을 지지하는 사람이라면 누구나 다른 사람의 편익을 위해 한 사람에게 비용을 부과하는 것이 때때로 정당화될 수 있다는 것에 동의할 수밖에 없다. 우리가 서로 차이를 지닌 구별되는 개인이라는 사실과 구별되는 개인들에게 비용과 편익을 부과하는 것의 옳고 그름은 다른 문제이다.

인격의 개별성(separateness of persons) 반론은 다른 한편으로 공리주의자들이 개인들을 쾌락과 고통의 단순한 수용기에 불과하다고 보고 그들을 쾌락 가치 이상의 의미를 가지지 않는 것으로 생각한다고 비판한다. 이것이 공리주의자들이 생각하는 방법이라면 그들이 관심을 가지는 유일한 것은 전체 순 공리를 극대화하는 것이다. 한 개인이 함유하고 있는 가치가 아무 손실 없이 다른 개인에게 이전될 수 있는 한, 그 개인의 죽음은 중요하지 않을 것이다. 그러나 공리주의자들은 행복을 개인들과 독립적으로 존재할 수 있는 어떤 것 또는 그것이 개인들에게 가지는 가치를 제외하고도 가치 있을 수 있는 어떤 것으로 생각할 필요도 없고 또 그렇게 생각해서도 안 된다. 행복이 가치 있는 이유는 바로 그것이 개인들에게 좋기(선이기) 때문이다. 공리주의자들은 각 유정적 존재를 구별되는 경험의 개별적 주체로서 가치 있게 여길 수 있고 또 그래야 한다. 그러므로 어떤 한 개인의 죽음이나 고통의 결과가 더 큰 행복 총량이고 그래서 개인들 전체를 위해서 더 좋은 것이라고 할지라도, 한 개인이 죽거나 고통당하는 것은 유감스러운 것이다. 그러므로 '인격의 개별성' 반론은 일부 공리주의자들이 가치에 관해서 생각하는 한 가지 방식에 대한 반론이다. 그러나 가치에 관한 이런 식의 사고방식은 잘못된 것이다. 그리고 공리주의 자체가 가치에 대한 그런 사고방식을 함축하는 것은 아니다.

'인격의 개별성' 반론은 또한 우리가 인격의 개별성을 신중하게 고려한다면 개별 인격들 각각에게 일어날 수 있는 좋은 일이나 나쁜 일의 총합을 계산할 수 없다는 주장으로 이해될 수도 있다. 이것은 우리가 이미 논의한 바 있는 공리의 개인 간 비교 문제와 관계된다. 그러나 그것이 개별적인 사람들 간에 비용과 편익을 합산하는 모든 총합을 거부하는 이유는 아니다. 파핏은 그 견해를 논박하면서 우리가 지진으로 무너진 건물 안에서 생존자들을 찾고 있다고 상상해 보라고 요구한다. 우리는 건물 잔해 안에 갇혀 있는 두 사람 A와 B를 발견한다. 그들은 의식은 없지만 살아 있다. A와 B를 모두 구조할 수 있는 유일한 방법은 콘크리트 잔해를 옆으로 밀쳐 내는 것이다. 그런데 그렇게 하면 콘크리트 잔해가 B의 발가락 위로 떨어져서 발가락이 부러지게 된다. 이렇게 하지 않는다면, 우리는 B를 무사히 구할 수는 있지만 A는 죽게 된다. 다른 사람의 편익을 위하여 한 사람에게 비용을 부과하는 것은 절대로 정당화될 수 없다고 주장하는 사람들은 우리가 A를 죽도록 내버려 두어야 한다고 말해야만 할 것이다. 그러나 그것은 확실히 올바른 결론이 아니다. 개인들이 구별된다는 사실이 우리로 하여금 우리의 행위가 다른 개인들에게 주는 비용과 편익을 계산하지 못하도록 금지하지는 않는다.

마지막으로 우리가 고려해야 할 '인격의 개별성' 반론은 다른 사람의 편익을 증진하는 수단으로 한 사람을 이용하는 것은 언제나 그르다는 칸트의 주장을 끌어들인다. 이 원칙에 근거해서 칸트주의자는 콘크리트 더미를 옆으로 밀쳐서 B의 발가락 위로 떨어지도록 하는 것을 수용할 수 있다. 왜냐하면 B에게 가해진 해악은 목적을 위한 수단이 아니라 A를 구조하는 데서 발생한 의도하지 않은 부수 효과이기 때문이다. 그러나 콘크리트 더미를 치우는 유일한 방법이 의식이 없는 B의 다리를 강하게 밀어서 콘크리트 더미를 치우는 것이고, 그 강한 힘으로 B의 발가락이 부러진다고 가정해 보자. 그러면 우리는 A를 구하기 위하여 B를 하나의 수단으로 이용하고 있다. 그러나 그렇게 하지 않으면 A는 죽을 것이다. 그리고 B는 단지 발가락이 부러지는 고통을 겪을 뿐이다. 우리는 이런 식으로 B를 이용하는 것이 그르다고 생각하지 않는다.

공리의 분배

세상에 단지 A, B, C 세 명만이 존재하고, 가능한 공리의 분배가 다음 두 가지밖에 없다고 가정하자.

(1) A: 5단위;   B: 5단위;   C: 5단위.
(2) A: 15단위; B: 1단위;   C: 0단위.

공리주의는 공리의 총합이 더 큰 두 번째 분배를 선호한다. 일부 비판자들은 이것이 공리주의에 반대하는 근거가 된다고 생각한다. 정말로 그럴까? 만약 분배되는 단위가 돈이라면 우리가 2보다 1을 선호해야 할 타당한 이유가 있다. 각 단위가 1,000달러를 나타낸다고 가정하자. 일반적으로 더 많은 돈을 가지고 있는 사람은 추가되는 달러 증가분으로부터 더 적은 공리를 얻는 것으로 보인다. 그러므로 A로부터 1,000달러를 가져다가 C에게 주는 것은 A의 공리를 단지 조금 감소시키는 반면에 C의 공리는 크게 증가시키기 때문에 좋은 것이다. 그러나 위의 분배에서 숫자들은 수입이나 자신의 공리를 증진하는 다른 물질적 수단을 나타내는 것이 아니라 공리를 나타낸다. 그렇기 때문에 이 '한계 공리(효용) 체감의 법칙'은 이미 이 숫자들 안에 확실히 반영되어 있다. 그러므로 우리는 A로부터 공리 한 단위를 가져다가 C에게 주는 것은 C의 공리를 증가시키는 것만큼 A의 공리를 감소시킬 것이라고 가정해야만 한다. 같은 이유에서 우리는 그 숫자들이 B와 C가 A에 대해서 느낄 수 있는 시기심을 고려하지 못하고 있다는 것을 근거로 해서 두 번째 분배를 거부해서도 안 된다. 만약 B와 C가 A에 대한 시기심 때문에 괴롭다면, 이것은 이미 숫자들 안에 반영되어 있다. 그러므로 두 번째 분배에서의 전체 행복이 첫 번째 분배보다 더 크다는 것은 여전히 참이다.

한계 공리 체감의 법칙은 평등한 사회가 불평등한 사회보다 더 좋다는 널리 퍼져 있는 신념을 지지해 준다. 우리는 수입의 분배가 극히 불평등한 세계에서 살고 있다. 그러므로 공리주의자들은 생산성의 감소가 초래하는 공리의 손실이 수입의 재분배에서 얻는 이득을 능가할 정도로 전체 생산성을 감소시키지 않는 한에서 불평등을 감소시키는 조치들을 지지한다. 이 점에서 공리주의자들과 평등주의자들은 현재 상황에서 우리가 무엇을 해야 하는가에 관해서 견해를 같이한다. 그럼에도 불구하고 평등주의자들은 더 큰 평등을 추구하는 공리주의적 이유가 평등을 결과와 무관하게 본래적 가치를 가지는 것으로 보지 않음으로써 평등에 적합한 비중을 부여하지 못한다고 느낄 것이다.

공리주의자들은 평등의 본래적 가치를 부인한다는 점에서 평등주의자들과 다르다. 예를 들어 행복의 분배가 다음과 같다고 가정하자.

(3) A: 10단위;   B: 4단위;   C: 4단위.

우리는 (3)의 분배 상태를 변화시켜서 다음과 같은 분배 상태를 낳도록 하는 선택지를 가지고 있다.

(4) A: 3단위; B: 3단위; C: 3단위.

모든 사람이 (4)에서보다 (3)에서 더 좋은 처지에 있지만, (4)는 평등한 사회이고 (3)은 그렇지 않다. [그러나] 평등주의자들이 반드시 (4)가 (3)보다 더 좋다고 주장할 필요는 없다. 그들은 평등이 하나의 본래적 가치이기는 하지만 행복 역시 하나의 본래적 가치이며, 이 특수한 경우에서는 행복의 감소가 평등의 증가를 능가한다고 말할 수 있다. 그러나 그들은 (4)의 평등주의적 성격이 (4)를 선호하는 하나의 이유라고 말해야만 한다. 그렇기 때문에 때때로 평등의 가치는 평등주의 사회에 살고 있는 모든 사람이 그들이 덜 평등한 사회에 사는 것보다 더 나쁜 처지에 있다고 할지라도 평등주의 사회가 덜 평등한 사회보다 선호할 만하다는 의미를 내포한다.

공리주의자들은 어떤 재분배가 상층에 편익을 주는지, 아니면 하층에 편익을 주는지에 어떤 중요성도 부여하지 않는다. 그러나 이 사실에 반대하기 위해서 우리가 평등주의자가 될 필요는 없다. (또는 보다 신중하게 표현하자면 우리가 살펴본 바와 같이 공리주의자들은 한계 공리 체감의 법칙을 고려하기 때문에 그 사실에 독립적인 중요성을 부여하지 않는다.) 우리는 비록 전체 공리의 최대 증가를 가져오지 않는다고 할지라도 복지를 증진하면서 나쁜 처지에 있는 사람들에게 우선권을 주어야 한다고 주장할 수 있다. 이 견해를 약자 우선주의(prioritarianism)라고 부른다. 약자 우선론자들은 최하층 근처의 사람들을 돕는 것이 유복한 사람들을 돕는 것보다 더 중요하다는 직관적으로 호소력 있는 생각을 유지한다. 그러면서도 그들은 [평등을 추구함으로써] 누구의 처지도 더 나아지지 않고 일부 사람들의 처지가 더 나빠진다고 해도 그러한 평등 추구가 옳을 수 있다는 평등주의의 불편한 함축을 피할 수 있다. 파핏이 이 견해를 지지한다.

만약 평등주의와 약자 우선주의가 평등의 본래적 가치 또는 약자 배려의 본래적 가치를 주장한다면, 이 입장의 지지자들은 우리가 3장에서 다원주의적 결과주의를 논의하면서 언급했던 바로 그 문제에 직면한다. 즉, 그 가치들은 다른 본래적 가치들과 어떻게 교환될 수 있는가? 우리는 더 큰 평등 또는 약자의 처지를 개선하는 데 얼마만큼의 우선성을 부여해야 하는가? 그 문제를 보다 구체화하기 위하여 다른 분배의 시나리오를 고려해 보자.

(5) A: 3단위; B: 2단위; C: 1단위.

우리가 다음 중에 단지 하나만을 할 수 있다고 가정하자.

A: A와 B의 행복이 각각 5단위씩 늘어난다.
  [A: 8단위; B: 7단위; C: 1단위.]

B: B의 행복이 2단위 늘어난다.

　　[A: 3단위;　B: 4단위;　C: 1단위.]

C: C의 행복은 1단위 늘어나고 A의 행복은 1단위 줄어든다.

　　[A: 2단위;　B: 2단위;　C: 2단위.]

우리는 어느 것을 해야 하는가? 공리주의자들은 A가 다른 선택지보다 8단위 이상 행복을 증진하기 때문에 A를 해야 한다고 말할 것이다. 약자 우선론자들은 가장 열악한 처지에 있는 사람들을 돕는 데 아주 높은 우선성을 부여하기 때문에 C를 해야 한다고 말할 것이다. 그러나 만약 그들이 더 좋은 처지에 있는 사람들의 편익을 그것처럼 가파르게 할인하지 않는다면, 그들은 B 또는 심지어 A를 해야 한다고 말할 수도 있을 것이다. 문제는 어떤 특수한 할인율을 선택하는 것에 대한 원칙적인 정당성이 없다는 것이다. 또 우리의 직관이 어떤 한 가지 할인율을 제안하지도 않는다는 점이다. 그러므로 어떤 대답이 주어진다고 해도 안타깝게도 임시변통인 것처럼 보인다.

공리주의자들을 약자 우선주의적 입장에 근접하도록 하는 한 가지 논증이 있다. 전반적으로 더 적은 복지의 산출로 이어지더라도 우리는 더 나쁜 처지에 있는 사람들을 우선적으로 배려해야 하는가? 이 물음에 대해서 약자 우선주의자와 평등주의자는 그렇다고 답하는 데 반해서 공리주의자는 아니라고 답한다. 2장에서 우리는 시지윅이 다음과 같은 견해를 제시했음을 살펴보았다. '똑같이 유능한 다른 판단자들이 내가 주장하는 어떤 명제가 진리임을 부인하는 정도만큼 그 명제가 진리라고 믿는 나의 믿음도 감소되어야 한다. 그리고 내가 오류를 범하고 있다고 의심할 이유가 없는 것과 마찬가지로 다른 판단자들이 오류를 범하고 있다고 의심할 만한 이유가 없다면, 나는 적어도 잠정적으로 중립을 유지해야 한다.' 이론적 쟁점들에 관해서 중립성을 유지하는 것은 아주 좋은 일이다. 그러나 우리가 행위를 해야 하거나 정책 제안에 어떤 입장을 취해야 할 때 중립성을 유지한다면 어떻게 되겠는가? 공리주의자들과 약자 우선론자들 및 평등주의자들 간의 불일치를 해결할 결정적인 논증이 없고 이 입장들을 주장하는 철학자들이 똑같이 유능하다는 점을 고려한다면, 공리주의자들은 어떤 분배 정책을 선호해야 하는가? 그 대답은 우리와 의견을 달리하는 사람들과 비교해서 우리가 어디에 서 있느냐에 달려 있다. 약자 우선주의자들은 자신들이 실수할 수도 있고 평등주의자들이나 공리주의자들이 옳을 수도 있다는 것을 인정해야 한다. 그러나 약자 우선주의는 공리주의와 평등주의 사이의 중간 입장이기 때문에 그리고 약자 우선주의자들은 자신의 입장에 대한 이 두 경쟁 입장 가운데 어떤 것이 옳을 가능성이 더 큰지에 대해서 말할 수 없기 때문에 그들은 자신의 입장을 따르는 것 외에 다른 어떤 것을 할 이유가 없다. 그러나 공리주의자들은 다른 상황에 처해 있다. 왜냐하면 공리주의와 비교했을 때 평등주의자들과 약자 우선주의자들은 둘 다 처지가 더 나쁜 사람들의 이해관계에 더 많은 비중을 주기를 원하기 때문이다. 반면에 누구도 처지가 더 나은 사람의 이해관계에 더 많은 비중을 주어야 한다고 주장하지는 않는다. 그러므로 이 문제에 관해서 자신들이 틀릴 수도 있다는 것을 인정하는 공리주의자들은 강력한 증거들을 지닌 상이한 견해들 간의 일종의 도덕적 타협으로서 더 나쁜 처지에 있는 사람들의 이해관계에 약간의 추가적 비중을 주는 것이 정당할 것이다. 이것이 도덕적 위험을 줄이는 방법이다. 만약 공리주의적 입장이 틀렸다면 약자 우선주의나 평등주의 둘 중의 하나는 옳을 것이다. 그러므로 적어도 공리주의자들은 순수한 공리주의적 분배를 고수했을 때 그들이 성취할 수 있는 목표에서 그렇게 멀리 벗어나지 않을 것이다. 공리주의자들이 더 나쁜 처지에 있는 사람들에게 얼마만큼의 추가적 비중을 주어야 하는가라는 문제는 대답하기 어려운 문제이다. 그 이유는 부분적으로 약자 우선주의자들 스스로도 얼마만큼의 추가적 비중을 주어야 하는가에 관해서 모호한 입장을 취하는 경향이 있기 때문이다. 그리고 이 모호함은 공리주의자들이 취하는 타협적 입장으로 이어진다.

5장: 규칙

두 종류의 공리주의

아마도 당신은 빅토르 위고(Victor Hugo)의 소설 『레미제라블(Les Misérables)』의 주인공인 장 발장의 이야기를 알고 있을 것이다. 장 발장은 굶주리는 가족을 구하기 위하여 빵 한 덩이를 훔쳤고, 그 범죄에 대한 대가로 5년의 징역형을 선고받았다. 누가 그를 딱하게 여기지 않겠는가? 우리는 도둑질을 금지하는 도덕 규칙이 있다는 것을 알고 있다. 그리고 우리는 이 규칙을 일반적으로 지키는 것이 좋다고 생각한다. 그러나 장 발장이 그른 행위를 했다고 생각하기는 어렵다. 공리주의자는 이 판단을 쉽게 설명할 수 있다. 공리주의자는 관련된 당사자들의 공리 또는 복지를 측정한 다음에 가족을 기아로부터 구하기 위하여 도둑질하는 것은 그르지 않다는 결론을 내릴 것이다. 이와는 반대로 만약 장 발장이 맥주를 사기 위하여 가난한 사람의 돈을 훔쳤다면 그것은 그른 행위일 것이다.

각 개별적 행위를 그것의 결과에 근거해서 판단하는 공리주의를 행위 공리주의(act-utilitarianism)라고 한다. 행위 공리주의에 대한 가장 일반적인 대안은 규칙 공리주의(rule-utilitarianism)이다. 규칙 공리주의는 행위에 대한 정당화가 두 단계의 과정으로 이루어진다고 주장한다. 행위는 그것이 정당한 도덕 규칙에 일치하느냐, 위반되느냐에 따라서 옳거나 그른 것으로 판단된다. 그리고 다시 그 도덕 규칙은, 사람들의 압도적 다수가 그 규칙을 수용하는 것이 최선의 결과를 낳는다는 것을 보임으로써 정당화된다.

규칙 공리주의를 수용하려는 주된 이유는 4장에서 우리가 논의한 바 있는 공리주의를 곤란하게 하는 함축을 피하기 위해서이다. 보안관과 외과 의사의 사례에 대해서 규칙 공리주의자들은 그 경우들에 적용될 수 있는 도덕 규칙은 각각 '공직자는 항상 법을 준수해야 한다'는 규칙과 '의사는 결코 고의적으로 환자에게 해를 끼쳐서는 안 된다'는 규칙이라고 주장할 것이다. 이 도덕 규칙들을 따른다면 좋은 결과를 가져올 것이다. 그러므로 보안관과 외과 의사는 그 도덕 규칙들을 위반해서는 안 된다.

규칙 공리주의는 때때로 최선의 결과를 가져올 행위를 하지 못하도록 한다는 점에서 행위 공리주의와는 매우 다르다. 스마트는 우리에게 다음과 같은 경우를 상상해 볼 것을 요구한다. 어떤 특수한 도덕 규칙을 R이라고 할 때, 그 규칙 R을 준수하는 것은 99%의 사례에서 최선의 결과를 산출한다. 분명히 R은 행위 공리주의자들에게도 유용한 지침이다. 종종 우리는 시간이 너무 부족해서 R을 따르지 않음으로써 더 좋은 결과를 낳을 수 있는 1%의 상황에 우리 자신이 있는지 여부를 확신할 수 없는 경우에 처하기도 한다. 이런 상황에서는 R을 따르는 것이 거의 항상 최선의 결과를 낳는다는 것을 알고 있는 것만으로도 R을 따라야 할 충분한 이유가 된다. 그러나 이제 우리가 충분히 많은 시간을 가지고 있고, 우리의 판단을 왜곡시킬 것도 없으며, 그 규칙에 따라 행위하지 않음으로써 더 좋은 결과를 달성할 수 있다는 명백한 증거가 있다고 가정해 보자. 스마트는 우리에게 그 규칙을 위반함으로써 우리가 피할 수 있는 몇 가지 불행을 방지할 수 있는 데 반해서 그 규칙을 준수하는 것은 그 누구에게도 전혀 좋을 것이 없는 경우를 상상해 보라고 요구한다. 스마트는 그런 경우에도 그것을 따르는 것은 그 규칙을 일종의 우상으로 만드는 것이자 '미신적인 규칙 숭배'에 빠지는 것이라고 비판한다.

스마트의 주장에는 일리가 있다. 규칙 공리주의자에게 있어서 규칙을 준수해야 하는 주된 이유는 그렇게 하는 것이 보통의 경우에 최선의 결과를 낳는 것임을 명심하라. 만약 관련된 상황이 장기적으로 변화해서 그 규칙을 준수하는 것이 더 이상 최선의 결과를 낳지 않는다면, 규칙 공리주의자는 아마도 그 규칙을 폐기할 것이다. 이 점에서 정당화 가능한 규칙에 대한 규칙 공리주의자의 태도는 앤스콤과 같은 도덕 절대주의자(moral absolutist)의 태도와는 다르다. 앤스콤은 4장에서 살펴본 바와 같이 죄 없는 사람에 대한 법적인 사형 집행을 생각하는 것만으로도 타락한 정신을 나타내는 것이라고 생각한다. [그러나] 규칙 공리주의자는 그러한 문제에 대해 기꺼이 생각하고자 할 게 틀림없다. 그렇기 때문에 일반적으로 규칙을 준수하는 것이 나쁜 결과를 가져오는 쪽으로 조건이 변한다면, [규칙 공리주의자들은 그 규칙을 계속 준수해야 한다고 주장하지 않을 것이다. 그러므로] 규칙 공리주의자들이 우리가 그 규칙을 준수하는 것이 준수하지 않을 때보다 더 나쁜 결과를 가져오는 개별적으로 비정상적인 상황에 처했을 때 그 규칙을 계속 준수해야 한다고 주장하는 것은 이치에 맞지 않는다.

이쯤에서 규칙 공리주의자는 이 반론을 무력화하기 위하여 그 규칙을 보다 정확하게 상술(詳述)하려고 할 수 있다. 가령 그 규칙이 '도둑질 하지 마라'는 규칙이라고 가정하자. 이 규칙이 최선의 결과를 낳지 않는 대부분의 경우들은, 장 발장의 경우처럼, 도둑질을 함으로써 굶주림에서 사람을 구하는 것과 같이 아주 중요한 선을 실현하는 경우들일 것이다. 그러므로 우리는 그 규칙을 '도둑질을 함으로써 누군가의 생명을 구할 수 있는 경우가 아닌 한 도둑질 하지 마라'로 수정할 수 있을 것이다. 그 규칙은 일부 예외를 인정한다. 그러나 실현되는 선이 생명을 구하는 것보다는 덜 중요하지만, 재산을 도둑맞은 사람이 그 재산의 손실로 인하여 큰 불이익을 당하지 않는 다른 경우도 있을 것이다. 우리는 그런 경우에 대해서도 역시 예외를 만들 수 있을 것이다. 그러나 우리가 이런 식으로 그 규칙을 계속 수정한다면, 우리는 마침내 행위 공리주의자가 도둑질하라고 지시하는 **모든** 상황들을 포괄하는 지점에 도달할 것이다. 그렇게 되면 규칙 공리주의는 그것의 실천적 결과에 있어서 행위 공리주의와 더 이상 다르지 않게 된다. 규칙 공리주의가 더 이상 행위 공리주의와 다르지 않다면, 규칙 공리주의로의 모험은 아무것도 성취하지 못한 채로 끝나고 말 것이다.

규칙 공리주의는 규칙들이 점점 더 상세하고 구체적이 되지 못하도록 함으로써 행위 공리주의와의 구별을 유지할 수 있다. 브래드 후커(Brad Hooker)는 『이상적 도덕률, 현실 세계(Ideal Code, Real World)』에서 '준수해야 할 규칙은, 공동체에 의해서 현실적으로 내면화될 수 있는 모든 규칙들 가운데서 내면화된다면 최선의 결과를 가져올 규칙'이라고 주장한다. 사람들은 복잡한 규칙이 그들의 상황에 어떻게 적용되는지를 알아내는 데 많은 시간을 들여 생각하려고 하지 않는다. 그렇기 때문에 어떤 규칙이 공동체에 의해서 내면화되기 위해서는 사람들이 일상생활에서 적용할 수 있을 만큼 그 규칙이 충분히 명확하고 간단해야 한다. 그것은 또한 아이들에게 가르치기에 적합한 것이어야만 한다. 따라서 이 요구는 하나의 규칙 안에 포함될 수 있는 단서 조건들에 한계를 설정한다. 이렇게 해서 행위 공리주의와 규칙 공리주의의 구별이 유지된다. 그러나 그 한계는 또 다른 문제를 야기한다. 우리가 매우 나쁜 결과를 피하기 위하여 많은 사람들이 올바르게 적용하지 못하는 더 복잡한 규칙을 필요로 하는 상황에 있다면 우리는 무엇을 해야 하는가? 우리는 '시한폭탄' 사례에서 그러한 상황을 고려할 것이다.

시한폭탄

한 테러리스트가 체포되었는데, 그가 지닌 문건을 통해서, 그가 맨해튼 중심가에 핵폭탄을 설치한 사람들과 음모에 연루되었다는 사실이 밝혀졌다. 그 핵폭탄은 2시간 안에 폭발하도록 되어 있다. 수백만 명의 사람들의 죽음을 방지하는 데 필요한 정보를 그 테러리스트에게서 얻을 수 있는 유일한 방법은 그를 고문하는 것이다. 그를 고문하는 것은 그른가? 철학자들은 다년간 이 '시한폭탄 시나리오'를 하나의 가상적 사례로 논의해 왔다. 그러나 21세기에 테러리즘이 증가하면서 그것은 현실에 더 가까워졌다. 현재 유사한 상황들이 소설, 영화, 텔레비전 드라마에서 빈번히 제기되고 있다. 그러나 지금까지는 우리가 방금 기술한 것과 같은 상황들은 단 한 번도 실제로 일어나지 않았다. 그러므로 우리는 여기서 그것을 하나의 가상 사례로 다룰 것이다.

많은 사람들에게 '고문하지 말라'는 규칙은 어떠한 예외도 허용하지 않는 절대적 규칙이다. 이것은 유엔 고문 방지 협약

(United Nations Convention Against Torture)에서 채택된 입장이다. '전쟁 상태이건 전쟁의 위협이건 또는 내적인 정치적 불안이건 어떤 다른 공적인 비상사태이건, 그 어떤 경우에도 고문을 정당화할 수 있는 예외적 상황은 존재하지 않는다.' 고문을 금지하고 그 어떤 예외도 허용하지 않는 규칙을 지지하는 강력한 공리주의적 이유가 있다. 많은 문서로 기록된 학대 사례들은 고문에 대한 완전한 금지가 없다면 심문자들과 간수들이 모든 종류의 심리적 이유를 들어서 죄수들을 고문한다는 것을 보여 준다. 어쩌면 그들은 죄수들에 대한 그들의 지배력을 보여 주려는 이유에서 고문을 할 수도 있고, 아니면 그들이 다른 사람을 괴롭히는 데서 즐거움을 얻는 사디스트이기 때문에 죄수들을 고문할 수도 있다. 더 정교한 규칙이 고문 방지에 효과가 있지도 않을 것 같다. 적어도 우리가 공동체에 의해서 수용될 때 현실적으로 최선의 결과를 가져올 것으로 기대할 수 있는 규칙을 추구한다면 그럴 것이다. 일단 우리가 그 금지에 예외를 허용한다면, 고문을 하고자 하는 사람들은 그 예외를 확대하는 방법을 발견할 것이다. 유엔 고문 방지 협약의 '예외 금지'라는 조항은 고문의 부당한 사용을 방지하는 최선의 전망을 제공한다.

그러나 공리주의자들에게 있어서, 특히 행위 공리주의자들에게 있어서 그 어떤 예외적 상황에서도 정당화될 수 없는 행위들은 없다. 표준적인 시한폭탄 시나리오가 당신에게 이것을 납득시키기에 충분하지 않다면, 시나리오의 위험 수준을 훨씬 더 올려 보자. 한 종교적 광신자 집단이 핵무기를 보유한 어떤 나라를 접수했다. 그런데 그 나라의 핵무기는 지구상의 모든 생명체를 방사능 오염으로 천천히 고통스럽게 멸종시킬 수 있을 만큼 충분히 강력하다. 그 집단의 추종자들은 지도자의 명령에 항상 충실하게 복종한다. 그 집단의 지도자는 핵무기 전체를 자정에 발사하라는 명령을 내렸다. 그는 이것이 아마겟돈 ─ 지구 종말의 대 전쟁 ─ 을 일으킬 것이고, 메시아의 출현을 가져올 것이라고 말한다. 어떤 나라도 그 공격을 막을 군사력을 가지고 있지 않다. 그런데 특공대가 그 지도자를 체포해서 비밀 은신처로 압송하였다. 그가 명령을 취소하도록 하기 위해서 그와 합리적으로 논의도 하고 설득도 하였으나 그 모든 시도가 실패하였다. 그러나 한 전문가 집단이 그가 고문을 견딜 수 없다는 것을 보여 주는 심리적 프로파일을 작성하였다. 자정까지는 단지 몇 시간밖에 남지 않았고, 지구상의 생명 파괴를 방지할 다른 방법은 없다. 이 상황에서 공리주의자는 고문의 사용은 정당하다고 결론을 내릴 것이다. (그리고 우리는 문제의 심각함을 알고 있는 사람이라면 누구나 같은 결론을 내릴 것이라고 생각한다.) 고문에 반대하는 규칙은 절대적으로 예외 없는 규칙의 가장 강력한 후보인 것처럼 보인다. 이 점을 고려한다면, 공리주의자들이 예외 없는 도덕 규칙이 존재한다는 견해를 거부하는 것은 타당한 것으로 보인다.

비밀 도덕

우리는 불가능한 선택에 직면한 것처럼 보인다. 즉, 엄격한 고문 금지를 지지하고 언젠가 있을지도 모르는 대재앙을 방지하지 못하도록 우리 자신의 손을 묶어 두는 위험을 감수할 것인가? 아니면 [어떤 상황에서 고문에 정당한 예외를 허용하는 것이] 다른 상황에서 고문을 악용하는 문을 열어 놓을 가능성이 크다는 것을 알면서도 매우 가능성이 낮은 몇몇 가능한 상황에서 고문을 정당화할 것인가? 그러나 제3의 가능성도 있다. 즉, 우리는 고문 금지를 공개적으로 지지하면서도, 시한폭탄의 상황에 대해서 책임 있는 지위에 있는 사람들에게 그들이 고문 금지 규칙을 위반해야 하는 몇몇 상황들이 존재한다는 것을 이해하도록 사적으로 조언할 수 있다.

이 입장은 『윤리학의 방법』에서 시지윅이 취한 입장과 일치한다. 그는 나쁜 결과를 낳을 수 있는 관습적인 도덕 규칙에 대해 공리주의자들이 취해야 할 태도를 신중하게 고찰한다. 때때로 이 관습적인 도덕 규칙들은 수정되거나 대체될 필요가 있다. 그러나 어떤 수정된 규칙은 너무 복잡해서 대다수의 사람들이 준수할 수 없고, 그래서 결함은 있지만 더 간단한 규칙을 유지하는 것보다 더 나쁜 결과를 낳을 수도 있다. 시지윅에 의하면, 그런 상황에서 공리주의자는 그 결함 있는 규칙을 공개적으로 지지해야 한다. 하지만 그 자신이 그 규칙을 항상 따라야 하는 것은 아니다. 그러나 공리주의자들은 그 규칙을 위반할 때 그들이 나쁜 선례를 남김으로써 그 규칙을 준수하는 것이 더 좋은 결과를 가져올 때에도 다른 사람들로 하여금 그 규칙을 무시하게 만들 위험이 있다는 점을 고려할 필요가 있다. 그러므로 시지윅에 따르면, 어떤 행위를 하거나 공개적으로 지지하는 것은 그르다고 할지라도 그 행위를 비밀리에 행하는 것은 옳을 수도 있다. 또한 다른 사람들에게 어떤 것을 하라고 가르치거나 조언하는 것은 그르다고 할지라도 특정한 일부의 사람들에게 그것을 하라고 가르치거나 조언하는 것은 옳을 수 있다.

시지윅은 '비밀 도덕(esoteric morality)' — 즉, 대다수 사람들이 배우고 준수하기를 기대하는 도덕과는 다른 '계몽된 소수'를 위한 도덕 — 이라는 생각에 대해서 대다수 사람들이 반감을 가질 것이라는 것을 인정한다. 그러나 그는 그 결론이 불가피하다고 생각했다. 버나드 윌리엄스(Bernard Williams)는 계몽된 소수의 비밀 도덕을 '총독 관저 공리주의(Government House utilitarianism)'라고 비판한다. '총독 관저 공리주의'는 거대한 식민지 저택에 거주하면서 '원주민들'은 스스로 결정할 능력이 없다고 간주하고 '원주민들'을 가장 잘 지배할 수 있는 방법이 무엇일까를 결정하는 백인 엘리트를 떠올리게 하는 문구이다. 그러나 공리주의는 식민지 단체들과는 아무 관련이 없다. 공리주의자들은 전 지구적 관점을 채택한다. 그래서 공리주의자들은 제국주의 세력의 이익을 위하여 개발도상국들을 식민화하려는 제국주의적 목표들을 지지하지 않는다. 그럼에도 불구하고 오늘날 시지윅의 견해는 정치적으로 옳지 못한 것으로 여겨질 가능성이 크다. 비밀 도덕의 반대자들은 아마도 공리주의자들에게 이렇게 반문할 것이다. '너희들은 도대체 누구이기에 무슨 자격으로 다른 사람들보다 무엇을 해야 하는지에 관해서 더 잘 안다고 생각하는가?'

물론 공리주의자들은 자신들의 오류 가능성을 자각해야 하고 또 자신의 도덕적 신념에 대한 과도한 확신에서 비롯될 수 있는 비극적 결과에 관해서도 알아야 한다. 그러나 어떤 사람들은 다른 사람들보다 무엇을 해야 하는지에 관해서 더 잘 안다는 것을 부인하기는 어렵다. 지난 20여 년 동안 유엔과 몇몇 나라에서 진행된 기후변화 및 그 대응책에 관한 논쟁을 살펴보기만 하면 이것을 알 수 있다. 진정한 문제는, 어떤 판단에 따라 행위하는 것이 일반적으로 수용되고 있는 바람직한 도덕 규칙과 반대로 행위하는 것일 때, 그 판단에 따라 행위하는 것이 옳다는 것을 우리가 언제 충분히 확신할 수 있는지를 아는 것이다.

공리주의는 자기 부정적인가?

이러한 생각들은 공리주의적 추리에 독특한 두 가지 다른 쟁점으로 우리를 이끈다. 시지윅은 '옳음의 기준을 제시하는 목적이 항상 우리가 의식적으로 목표로 삼는 목적이어야 할 필요는 없다'고 쓰고 있다. 오늘날 철학자들은 보통 어떤 행위를 옳게 만드는 표준이나 기준 — 즉, 공리의 극대화 — 을 상술하는 공리주의[즉, 옳음 결정의 기준으로서 공리주의]와 우리가 해야 할 옳은 것이 무엇인지를 결정할 때 사용하는 지침으로서 공리주의[즉, 의사 결정의 지침으로서 공리주의]를 구분한다. 우리는 공리주의가 올바른 도덕 이론이라고 믿으면서도 동시에 '공리를 극대화하라'가 올바른 결정에 도달하는 최선의 지침은 아니라고 주장할 수 있다. 예를 들어, 행위 공리주의자로서 우리는 일상생활에서 간단한 도덕 규칙들을 준수하는 것을 지지할 수 있다. 그리고 이것이 전반적으로 최선의 결과를 낳는다는 것을 알고 있다. 이런 생각을 충분히 멀리까지 밀어붙인다면, 우리는 공리주의자로서 심지어 사람들이 '다른 사람을 결코 단순한 수단으로 대우하지 마라'와 같은 칸트적인 원리나 도둑질, 거짓말, 사기, 죄 없는 사람을 죽이는 것 등을 금지하는 규칙들을 따라야 한다고 말할 수도 있다. 철학자들은 자기 이론의 지지자들에게 다른 이론을 따르라고 지시하는 이론을 '자기 부정적(self-effacing)' 이론이라고 부른다. 어떤 이론이 항상 그런 것이 아니라 가끔 자기 이론의 지지자들에게 다른 이론을 따르라고 지시하면, 그 이론은 부분적으로 자기 부정적 이론이다.

오늘날까지도 여전히 자주 제기되는 한 반론에 적극적으로 대응하면서 벤담은 공리주의가 부분적으로 자기 부정적일 수 있는 가능성을 인지하고 있었다.

'(이렇게 말하는 것을 들은 적이 있다.) 공리의 원리는 위험한 원리이다. 어떤 경우에든 공리를 고려하는 것은 위험하다.' 이것은 공리를 고려하는 것이 공리에 일치하지 않는다고 말하는 것과 같다. 요컨대 공리를 고려하는 것은 공리를 고려하지 않는 것이라는 말이다.

그럼에도 불구하고 어떤 도덕 이론이 자기 부정적일 수 있다는 생각은 신랄한 비판의 대상이 되어 왔다. 어떤 도덕 이론이 실천에 적용되었을 때 스스로를 부인한다면, 어떤 종류의 도덕 이론도 옳을 수 있는 것이 아닌가! 도덕 이론은 단순히 이론에서만이 아니라 실천에서도 작용해야 하는 것 아닌가?

맞는 말이다. 도덕 이론은 실천에서 작용해야만 한다. 그러나 공리주의가 (적어도 부분적으로) 자기 부정적이라는 사실이 그것이 실천에서 작용하지 못한다는 것을 의미하지는 않는다. 그것은 단지 공리주의가 우리에게(또는 공리주의가 단지 부분적으로 자기 부정적이라면 우리들 가운데 일부에게 일부 시간에) 비공리주의적 규칙이나 원리를 채택하고 그것에 따라서 행위할 것을 권장한다는 것을 의미할 뿐이다. 그러한 권고가 공리 극대화라는 공리주의적 목표의 달성으로 이어진다면 공리주의는 실천에서 작용하고 있는 것이다.

비록 공리주의가 완전히 자기 부정적이라고 할지라도, 그것은 우리의 심리적 특징들이나 불충분한 교육과 같은 여건들에 의존하는 우연적인 문제일 것이다. 그리고 그런 여건들은 우리가 우리의 행위의 결과들에 관해서 명료하게 생각하는 것을 어렵게 만드는 것들이다. 그런데 만약 이 여건들이 완전히 변한다면, 공리주의는 자기 부정적이기를 멈추고 대신에 우리에게 선의 극대화를 직접적인 목표로 삼으라고 말할 것이다. 어떤 이론이 특정 상황에서 자기 부정적이라는 사실이 그 이론이 참이 아니라는 것을 보여 주지는 않는다. 왜냐하면 어떤 규범 이론의 진리성이 현재의 세계 상태에 관한 우연한 사실에 의존해서는 안 되기 때문이다.

공리주의가 부분적으로 자기 부정적이라는 사실은 이미 4장에서 언급한 바 있는 두 번째 쟁점, 즉 우리가 언제 사람들을 칭찬하거나 비난해야 하는가와 관련이 있다. 가령 우리가 '도둑질 하지 마라'와 같은 도덕 규칙을 보존하기를 원하는 이유가 훔칠 기회가 있을 때마다 도둑질이 일반 선을 극대화할 것인가를 결정해야 하는 경우보다 그 규칙의 보존이 더 좋은 결과를 산출할 것이라는 이유 때문이라고 하자. 이제 사람들에게 이 규칙을 따르도록 한 결과로서 어떤 사람이 도둑질을 했다면, 죄 없는 사람의 목숨을 구할 수 있었음에도 불구하고 그 사람이 도둑질을 하지 않는 경우가 발생한다. 우리는 누군가를 죽도록 버려두는 그른 행위를 했다고 이 사람을 비난해야 할까? 우리가 이미 4장에서 살펴본 바와 같이, 비난하는 것과 칭찬하는 것은 하나의 행위이기 때문에 칭찬하거나 비난하는 것이 옳은지 결정하기 위해서 우리는 그것들의 결과를 고려해야만 한다. 이 경우에 우리는 일반적으로 유용한 규칙의 준수를 약화시키는 것의 결과를 고려해야 한다. 그러므로 공리주의적 관점에서 그 행위만 따로 떼어 놓고 보면 그 행위는 분명히 그른 것이다. 그럼에도 불구하고 죄 없는 사람의 목숨을 구하지 못한 그 사람을 비난하지 않는 것이 더 좋을 것이다.

위의 문제들 모두에는 역설적인 것이 있다. 특히 비밀 도덕의 문제가 그렇다. 공리주의자들은 어떤 상황에서는 다른 도덕 이론을 따를 것을 권장하는 이론을 지지한다. 그리고 우리가 다른 도덕 이론들을 권장하는 공리주의적 이유를 가지고 있다는 사실은 비밀에 부치는 것이 더 나을 것이라고 한다. 우리가 생각하기에, 그들이 무엇을 할 수 있고 또 그들이 직접적으로 최선의 결과를 산출하는 것을 목표로 삼는다면, 그 목표를 달성하는 데 얼마나 잘 성공할 것인지에 근거해서 우리는 다른 사람들에게 다른 지침을 줄 수 있을 것이다. 우리는 독자 여러분들이 틀림없이 이 결론을 마음에 들어 하지 않을 것이라고 생각한다. 그리고 여러분이 마음에 들어 하지 않는 것도 당연한 것이다. 우리 모두는 마지못해서 비밀 도덕을 받아들일 것이다. 비록 공리주의적 사고가 우리가 살고 있는 이 세상에서는 비밀 도덕으로 이어진다고 할지라도, 우리는 시지윅의 다음과 같은 견해를 따라야 할 것이다. '비밀 도덕이 편의적이라는 학설 자체가 비밀에 부쳐져야 한다는 것이 편의적인 것처럼 보인다. … 그러므로 어떤 공리주의자는 공리주의적 원

리에 따라서 그의 결론들 가운데 일부를 인류가 일반적으로 거부하기를 당연히 바랄 것이다.'

6장:
공리주의의 실천

공리주의의 적용

1972년에 영국 철학자 스튜어트 햄프셔(Stuart Hampshire)는 공리주의는 한때 대담하고 혁신적이고 체제 전복적인 학설이었으나 이제는 더 이상 그렇지 않다고 한탄했다. 그러나 우리의 가치와 관행을 변화시키는 데 지대한 공헌을 한 공리주의에서 햄프셔가 장기적인 쇠퇴로 여겼던 것은 단지 일시적 소강상태임이 입증되었다. (다음에서 우리는 간결함을 위해서 주로 쾌락주의적 공리주의에 대해 언급할 것이다. 그러나 다른 종류의 공리주의를 좋아하는 사람들은 우리가 논의한 내용에 거의 영향을 주지 않고 그들이 선호하는 공리주의로 대체할 수 있을 것이다.)

공리주의는 우리에게 고통을 줄이고 행복을 증대하라고 말한다. 실천적인 측면에서, 공리주의자들은 행복을 증대시키는 것보다 고통을 감소시키는 것을 더 강조한다. 이렇게 하는 한 가지 이유는 실천적인 것이다. 사람들이 배고프고, 춥고, 아플 때 우리는 음식, 보금자리, 의료 서비스를 제공함으로써 그들의 고통을 완화시킬 수 있다. 그러나 그들이 이미 이 기본적 필요를 충족시켜서 고통스럽지 않을 때 그들을 더 행복하게 만드는 방법을 알기는 그렇게 쉽지 않다.

고통의 감소에 초점을 두는 또 하나의 이유는 철학적으로 더 심오한데, 그것은 고통과 행복의 비대칭성 때문이다. 고통과 행복 간에는 비대칭성이 있는 것처럼 보인다. 우리는 여기서 같은 양의 행복에 주는 중요성보다 고통 그 자체에 더 큰 중요성을 부여해야 한다고 주장하는 것이 아니다. 오히려 여기서 우리가 말하는 비대칭성은 경험적인 것이다. 그 차이는 그림 10과 11로 나타낼 수 있다. 우리는 그 그림에 나타난 숫자들을 기수적인 것으로 가정한다. 즉, -50에서 -49로의 이동은 25에서 26으로의 이동과 동일한 양의 복지를 증진한다. 우리는 또한 전혀 행복하지도 않고 고통스럽지도 않은 중립 상태가 있다고 가정한다. 그와 같은 중립 상태에 관해서 생각하는 한 가지 방법은 당신이 다른 모든 것들이 동일한 가운데 다음 한 시간을 깨어 있을 것인가 아니면 꿈꾸지 않는 깊은 잠을 잘 것인가 둘 중의 하나를 선택한다고 상상하는 것이다. 예를 들어, 당신은 깨어 있어도 긍정적이건 부정적이건 아무것도 성취하지 않을 것이고, 상쾌함을 느끼면서 잠에서 깨어나는 것을 즐기지도 않을 것이다.

그림 10은 고통과 행복에 대한 대칭적 이해를 보여 준다. 여

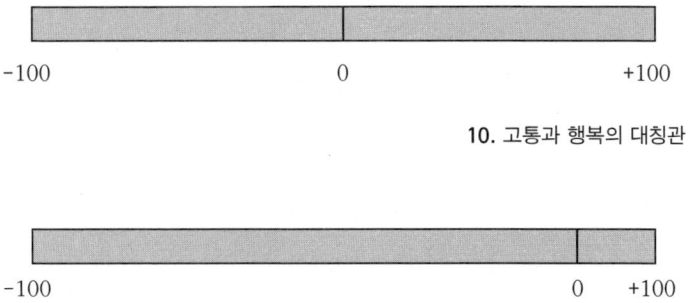

10. 고통과 행복의 대칭관

11. 고통과 행복의 비대칭관

기서 −100은 가능한 최대 고통을, 0은 중립 상태를, +100은 가능한 최대 행복을 나타낸다. 그림 11은 고통과 행복에 대한 매우 비대칭적인 이해를 나타낸다. 여기서도 0은 중립 상태를 나타낸다. 그러나 중립 상태와 가능한 최대 고통 사이의 차이는 중립 상태와 가능한 최대 행복 사이의 차이보다 훨씬 크다. 만약 그림 11이 당신의 복지 능력을 정확하게 나타낸다면, 누군가를 가능한 최대 고통에서 중립 상태로 이동시키는 것은, 그것이 행하는 선의 견지에서 볼 때, 누군가를 중립 상태에서 가능한 최대 행복으로 이동시키는 것을 훨씬 능가한다. 이것은 대다수 사람들의 선호와 일치하는 것으로 보인다. 당신 자신에게 자문해 보라. 당신이 경험해 본 가능한 최대 행복을 한 시간 동안 경험하기 위하여 당신이 경험해 본 최악의 고통을 한 시간 동안 기꺼이 경험할 것인가? 대다수 사람들은 그렇게 하려고 하지 않을 것이다. 당신은 얼마나 오래 행복이 지속된다면 한 시간의 고통을 받아들이겠는가? 스스로에게 물어보라. 그러면 당신은 고통이 행복을 능가하는 정도를 나타내는 지표를 가지게 될 것이다.

사회적 물음들은 종종 복잡하다. 일부 사람들의 처지를 개선하려는 시도는 다른 사람들의 처지를 악화시킬 가능성이 크다. 우리가 4장에서 주목한 바 있는 공리의 개인 간 비교의 난점을 고려하면, 특수한 정책을 수행하는 것이 실제로 순 복지의 증가를 가져올 것인지 계산하는 것은 쉽지 않다. 그러므로 그 이론을 적용하기 가장 좋은 경우들은 다른 사람의 고통을 전혀 증가시키지 않거나 조금 증가시키면서 — 이상적으로는 행복을 전혀 감소시키지 않거나 조금 감소시키면서 — 누군가의 고통을 크게 감소시킬 수 있는 경우들이다. 그러한 상황들이 공리주의자들에게는 가장 쉽게 달성할 수 있는 목표들이다. 혹자는 그러한 목표를 왜 오래 전에 달성하지 못했는가, 즉 그렇게 쉽게 피할 수 있는 고통들을 방지하도록 왜 정책들이 예전에 변화되지 않았는가라는 의문을 제기할 수 있을 것이다. 그 대답은 고통을 제거하는 것이 때때로 전통 도덕의 핵심 요소를 포기할 것을 요구한다는 점이다. 다른 상황에서는 고통을 당하고 있는 존재들의 이해관계가 무시되고 있다는 것이다. 우리는 이런 범주에 속하는 것 가운데 우선 한 가지 사례를 가지고 시작하고자 한다.

12. 글로리아 테일러, 그녀의 재판은 모든 캐나다인들에게 죽어 가면서 의사의 조력을 받을 권리를 가져다주었다.

삶을 끝내는 결정

2009년에 캐나다 사람 글로리아 테일러(Gloria Taylor)는 근위축성 측색 경화증(ALS) 또는 일명 루게릭병에 걸렸다는 진단을 받았다. 루게릭병은 점진적으로 근육 약화를 초래하는 질병이다. ALS 환자들은 점진적으로 손과 발을 사용할 수 없게 되고, 그 다음에는 걸을 수도, 씹고 삼킬 수도, 말할 수도 없게 된다. 그들이 숨 쉬는 능력을 잃게 되면 죽게 된다. 테일러는 이 고통스럽고 불가피한 죽음으로의 진행을 받아들이기보다 의사가 그녀가 선택하는 시간에 죽을 수 있도록 도와주기를 원했다(그림 12 참조).

테일러가 인공호흡기와 같은 모종의 생명 유지 장치를 달고 있었다면, 그것을 끄는 것이 테일러의 죽음을 유발할 것임은 확실하다. 그렇기 때문에 의사는 [그녀의 요구를 받아들여서] 그것을 끔으로써 그녀의 죽음을 도울 수도 있었다. 그러나 다른 많은 나라에서와 마찬가지로 캐나다에서도 테일러의 생명은 의료 기술에 달린 것이 아니기 때문에, 의사가 환자의 요구에 따라 인공호흡기를 끄는 것은 불법이었다. 테일러는 이 법에 불복해서 소송을 제기하였다.

'수동적 안락사(passive euthanasia)' — 즉, 치료 거부나 치료 중단에 의해 환자의 죽음을 초래하는 것 — 로 불리는 것과 '능동적 안락사(active euthanasia)' 또는 '의사 조력 죽음(physician-assisted dying)' 사이의 법률적 구분은 전통적인 윤리적 견해를 반영한다. 즉, 그것은 죄 없는 사람의 목숨을 빼앗는 것은 항상 그르다는 생각에 기초를 두고 있다. 규칙에 기초한 윤리학의 지지자들은 종종 어떤 규칙이 적용되는 경우와 적용되지 않는 경우를 구별하는 세밀한 구분선을 제시한다. 그래서 생각이 있는 사람이라면 누구나 알 수 있듯이, 중대한 결과를 낳는 결정들이 윤리와 무관한 것에 의존하게 만든다. 즉, 환자의 죽음이 기계의 스위치를 끔으로써 야기되었는지, 아니면 환자에게 자신의 생명을 끊을 수 있는 약 처방전을 써 줌으로써 야기되었는지와 같이 윤리와 무관한 것에 의해 중대한 결정이 좌우된다. [이에 비해서] 공리주의는 윤리적 결정에서 죽이는 것에 해당하느냐 그렇지 않느냐의 구분과 같이 근거가 약한 구분에 의존하지 않는다. 대신에 공리주의는 고통과 쾌락 또는 어떤 사람이 가장 원하는 것과 같이 명백히 [윤리와] 관련성이 있는 것에 초점을 맞춘다. 이것이 공리주의의 강점이다.

그렇다고 의사가 테일러와 같은 환자의 죽음을 도와주는 것을 범죄시하는 법률에 반대하기 위하여 공리주의자가 될 필요는 없다. 우리는 '죽을 권리'에 근거해서도 그와 같은 법률에 의문을 제기할 수 있다. 죽을 권리는 주로 자기 자신에 관한 문제들에 대해서 우리가 가지는 자율성의 권리라는 더 넓은 권리의 일부로 볼 수 있다. 그러나 우리는 그러한 권리들이 존재한다는 것을 어떻게 입증할 수 있는가? 또 죽을 권리가 '죽을 때 조력을 받을 권리'로 확대된다는 것을 어떻게 입증할 수 있는가? 권리에 기초한 주장들은 단지 하나의 직관을 주장하는 것에 지나지 않는다. [그 직관을 공유하지 않는] 다른 사람들은 그 직관을[그리고 권리에 기초한 주장을] 부인하려고 할 것이다. 이와는 반대로 우리가 일단 죄 없는 사람을 죽이는 것은 항상 그르다는 주장의 결과를 고려하기 시작하면, 죽이는 것에 반대하는 보통의 이유들이 죽어 가면서 고통을 당하고 도움을 요청하는 말기 환자들에게는 적용되지 않는다는 것을 알게 된다. 물론 보통의 경우에 죄 없는 사람을 죽이는 것은 매우 나쁜 결과를 가져온다. 인간의 삶(생명)이 일반적으로 고통보다 행복이 더 많다고 가정한다면, 누군가를 죽이는 직접적 결과는 그 희생자에게서 그 또는 그녀가 누릴 수도 있는 모든 행복을 빼앗는 것이다. 그 간접적 결과는 몇몇 경우에서는 훨씬 더 나쁜데, 그 살해된 사람을 사랑하는 사람들의 오래 지속되는 슬픔과 상실감 그리고 그 죽음에 관해 알고 있는 모든 사람들의 고조된 불안감 때문에 그렇다. 살인과 같은 폭력 범죄는 우리가 자신의 삶을 통제하고 있다는 통제감과 우리 자신의 미래를 결정할 능력이 있다는 우리의 확신을 위협하며, 살해당할 위험을 줄이기 위하여 밤늦게 집으로 걸어오면서 느끼는 즐거움 같은 것들을 포기하도록 우리의 행동을 변화시킨다.

이제 글로리아 테일러의 상황을 고려해 보자. ALS(루게릭병)가 계속 진전되면 언젠가 그녀의 삶은 행복보다 고통이 더 많게 될 것이고, 이 상태는 그녀가 죽을 때까지 계속될 것이다. 따라서 그 시점에서 그녀의 요구에 따라 그녀가 죽을 수 있도록 도와주는 의사는 그녀에게서 행복을 빼앗는 것이 아니라 더 이상의 고통을 방지하려는 것이다. 게다가 테일러는 자신의 죽음을 의도하고 있고 의사는 그녀의 요구에 따라 행위하고 있기 때문에, 그녀의 죽음은 다른 사람들에게 어떤 염려나 불안을 일으키지도 않을 것이다. 사실 그것은 많은 말기 환자들이 자신들이 죽어 가는 방식에 관해서 느끼는 불안을 감소시킬 것이다. 그녀를 사랑하는 사람들은 그녀가 그녀의 삶이 살 가치가 있다고 생각하는 시점을 넘어서까지 고통당하기를 바라지 않을 것이다. 그리고 그 질병이 자연적 경로대로 진행되어서 죽음이 찾아올 때보다 그녀의 죽음이 몇 주 더 빨리 왔다고 해서 그녀의 죽음에서 느끼는 슬픔이 더 크지는 않을 것이다.

환자가 자신이 삶을 끝낼 수 있도록 의사가 환자를 돕는 것을 허용해야 한다는 공리주의 논증은 권리에 기초한 논증보다 훨씬 더 명료하고 더 결정적이다. 그러나 개별적 사례들에 관해서 이런 결론에 도달했다고 해서 법률이 어떠해야 하는가에 관한 논의도 끝내야 하는 것은 아니다. 공리주의자들은 여전히 법률의 변화가 다른 나쁜 결과들을 가져오지는 않는지 물을 필요가 있다. 테일러가 제기한 소송을 담당한 린 스미스(Lynn Smith) 판사가 그 물음을 면밀히 검토하였다. 그녀는 의학, 법학, 심리학, 생명윤리학 분야의 국제적 전문가들이 제시한 증거를 경청했고, 네덜란드와 오리건 주 같은 곳의 사법 당국의 경험을 조사하였다. 네덜란드와 오리건 주는 이미 10여 년 전부터 의사들이 환자의 죽음을 도와줄 수 있도록 허용하고 있는 곳이다. 그녀는 네덜란드와 오리건 주에서 나이 든 사람이나 병든 사람들이 조력에 의한 죽음을 수용하도록 압력을 받았는지에 특별한 주의를 기울였다. 그녀는 그렇지 않다는 결론을 내렸고, 적절하게 설계된 법률은 사람들이 자신이 원하는 방식대로 죽는 것을 허용하면서도 계속 살기를 원하는 취약한 사람들을 보호할 수 있다는 결론에 도달했다. 캐나다 대법원도 스미스 판사의 결정을 지지하였으며, 그 결과로서 말기 질병을 앓고 있는 캐나다인들은 죽으면서 의학적 조력을 받을 법적 권리 — 의학적 조력 죽음의 법적 권리 — 를 가지게 되었다.

윤리학과 동물

죽기를 원하는 말기 환자의 불필요한 고통이 아직도 많은 나라에서 계속되고 있다. 왜냐하면 죽이는 것에 관한 전통 도덕에 도전하려고 하는 사람들이 거의 없었기 때문이기도 하고, 또 전통 도덕이 그런 삶을 사는 사람의 삶의 질이나 소망과 무관하게 인간의 생명에 부여한 신성함의 기운 때문이기도 하다. 안타깝게도 이 동일한 도덕적 견해들은 인간 아닌 동물들(non-human animals)을 죽이는 것에 대해서는 아무 제한도 하지 않는다. 사실, 우리는 동물의 고기 맛을 즐기기 때문에 동물을 죽이는 것을 허용한다. 그뿐만 아니라 스포츠 목적이나 모피를 얻기 위해서 동물을 죽이는 것도 허용한다. 우리가 동물들에게 가하는 어마어마한 양의 불필요한 고통은, 우리가 인간 아닌 동물의 고통당하지 않을 이해관계를 포함해서 그들의 일체의 이해관계에 거의 또는 전혀 비중을 두지 않는다는 증거이다.

이것은 공리주의가 동물을 대하는 방식이 아니다. 고통 없이 동물을 죽이는 것에 관해서는 공리주의적 견해들도 다양한 입장을 취한다. 그러나 모든 선도적 공리주의자들은 동물의 고통이라고 해서 그것이 인간의 고통보다 덜 나쁜 것은 아니라는 점을 분명히 했다. 이 책을 시작하면서 우리는 '인류가 자신의 책임을 숨 쉬는 모든 것들로 확대할 때'가 오기를 벤담이 고대했다는 내용을 인용했다. 그는 『도덕과 입법의 원리에 관한 서론』에 있는 한 주석의 다른 구절에서 인간과 동물의 차이는 동물들을 '괴롭히는 사람의 변덕에' 내맡겨야 할 충분한 이유가 아니라고 지적했다. 그에 의하면, 문제는 '그것들이 이성적으로 사고할 수 있는가도 아니고, 그것들이 말을 할 수 있는가도 아니다. 그것들이 고통을 느낄 수 있는가이다.'

공리주의가 동물의 고통의 중요성을 강조하는 것은, 고통을 뺀 가능한 최대 쾌락을 추구해야 한다는 공리주의적 원리와 동물이 쾌락과 고통을 경험할 수 있다는 명백한 사실의 결합으로부터 직접적으로 도출되는 당연한 귀결이다. 오늘날 이 상식적 관찰은 19세기의 공리주의자들은 이용할 수 없었던 상당히 많은 과학적 증거에 의해서 뒷받침되고 있다. 우리는 척추동물들이 고통이나 쾌락을 경험할 때 활성화되는 뇌의 특정 영역에서뿐만 아니라 중추신경계의 기능과 행동 두 측면에서도 우리만큼 고통과 쾌락에 반응한다는 것을 알고 있다. 일부 무척추동물들도 역시 쾌락을 경험할 수 있는 능력을 가지고 있다. 문어는 확실히 새로운 문제를 해결하기 위해 그들 나름의 방식대로 생각하는 능력을 가지고 있는 것으로 보인다. 일관되게 공리주의적 원리를 따라서, 밀과 시지윅도 동물의 고통이 중요하다는 벤담의 견해에 동의하였다. 밀은 공리주의 원리의 타당성 문제 전체가 도덕에 동물을 포함시키느냐에 달려 있다고 말할 정도로 동물의 고통을 중시하였다. 어떤 비판가가 공리주의는 동물의 삶을 개선하기 위하여 인간의 행복을 희생하는 것이 옳을 수도 있다는 함의를 지닌다고 공리주의를 공격했을 때, 그것에 대응해서 밀은 다음과 같이 쓰고 있다.

> 어떤 실천 관행이 인간에게 주는 쾌락보다 더 많은 고통을 동물에게 야기한다면, 그 실천 관행은 도덕적인가 아니면 비도덕적인가? 그리고 만약 인간들이 이기심의 구렁텅이에서 벗어나는 것에 정확히 비례해서 그들이 한 목소리로 '비도덕적'이라고 대답하지 않는다면, 공리의 원리의 도덕은 영원히 비난받아 마땅할 것이다.

밀이 동물의 이해관계와 인간의 이해관계를 비교할 때 동물의 이해관계를 할인하는 것을 조금도 인정하지 않았다는 것은 의심의 여지가 없다. 대신에 그는 동물의 고통이 인간의 쾌락과 똑같이 계산되어야 한다고 상정하였다. 그는 본질적으로 이해관계가 고려되고 있는 존재의 종과 무관하게 동일한 이해관계를 평등하게 고려할 것을 주장한다. 그러므로 그는 '종차별주의(speciesism)'라는 용어가 만들어지기 전부터 이미 종차별주의에 반대하였다.

13. 공장식 축산으로 사육되는 돼지들은 작은 공간에 갇혀서 전 생애를 보낸다.

벤담이 모든 유정적 존재에게로 보호를 확대해야 한다는 논평을 쓸 당시에 영국이나 전 세계 어디에도 동물 학대를 금지하는 법률은 존재하지 않았다. 심지어 그때로부터 두 세기가 더 지난 오늘날에도 동물을 학대로부터 보호하는 법률은 벤담과 밀이 주장한 것에 턱없이 부족하다. 공리주의는 동물과 관계된 많은 현대의 실천 관행들이 도덕적으로 변명의 여지가 없는 것임을 분명하게 보여 주었다. 그 가운데서도 가장 분명한 것이 공장식 축산(factory farming)이다. 대략 650억 마리의 육상 척추동물들이 매년 식용으로 살해당하고 있으며, 그것들 대부분은 공장식 축산 농장에서 끔찍할 정도로 많은 수가 밀집된 상태로 좁은 공간에 갇혀서 사육된다(그림 13 참조).

이 실천 관행은 우리에게 식량을 공급하기 위해서 필요한 것이 아니다. 반대로 동물들을 들판이 아니라 우리나 마구간 또는 축사나 가축 사육장에 가두어서 기르기 위해서는 그 동물들을 먹일 곡물과 콩을 길러야 한다. 그 동물들은 이 작물들의 식량 가치의 대부분을 체온을 유지하고 이리저리 돌아다니는 데 사용한다. 우리는 동물들에게 투입한 식량 가치의 아주 적은 일부만을 돌려받는다. 이와 관련된 막대한 식량의 낭비와 고기의 과소비가 우리의 건강에 미치는 해로운 영향은 논외로 하더라도, 공장식 축산은 동물에게 엄청난 양의 고통을 야기할 뿐만 아니라 온실가스의 방출도 크게 증가시킨다. 이 모든 것이 단지 특별한 맛과 조직을 지닌 음식을 먹고자 하는 인간의 욕망을 만족시키기 위해서 존재한다. 이 점을 고려하면, 식용으로 동물을 대량 사육하는 것이 동물의 고통과 괴로움을 동일한 양의 인간의 고통 및 괴로움과 똑같이 계산해야 한다는 공리주의적 관점에 반하는 것임은 분명하다. 여기서도 다시 동일한 결론에 도달하는 다른 윤리적 견해들이 존재한다. 그러나 공리주의자들은 이 분야의 선구자들이고, 우리가 보기에 그들의 논증이 가장 명료하고 가장 강력하다.

연구 목적으로 동물을 이용하는 것은 더 어려운 문제이다. 왜냐하면 연구 목적으로 동물을 이용하는 데서 얻는 가능한 편익이 식용을 목적으로 동물을 이용하는 데서 얻는 편익보다 훨씬 더 크기 때문이다. 적어도 다른 방식으로 적절하게 영양을 섭취할 수 있는 사람들에게는 그렇다. 여기서도 공리주의자는 동물 권리의 지지자와는 다르다. 일부 권리론에 따르면, 권리는 절대적이어서 권리를 위반하는 데서 오는 어떤 좋은 결과로도 권리를 능가할 수 없다. 그러므로 절대주의적인 권리 옹호론자들은 동물실험을 종식하는 데 따르는 비용을 조사할 필요가 없다. 그러나 공리주의자들은 아니다.

수백만 건의 해로운 동물실험이 아무런 긴급한 목적이 없는 데도 불구하고 자행되고 있다. 예를 들어, 새 화장품이나 가정 용품이 소비자의 중요한 필요를 충족시키기 위해서가 아니라 제조업자의 이윤을 증대하기 위하여 개발되고 있다. 그리고 그때마다 그 제품들의 안전성을 시험하기 위하여 동물실험이 자행된다. 그러나 모든 동물실험을 그렇게 쉽게 일축할 수 있는 것은 아니다. 어떤 동물실험은 실제로 의학 지식의 발전을 가져온다. 그러나 우리는 동물실험들 가운데 어떤 것이 그와 같은 실험이 될지를 미리 알 수 없다. 하지만 다음과 같은 조건이 충족된다면 연구 목적의 동물 이용은 정당화될 수 있을 것이다.

- [동물실험을 통해서] 많은 사람이나 동물에게 고통과/또는 죽음을 야기하는 질병을 예방하거나 치료하는 방법을 발견할 합리적 기회가 존재하고,
- (그 발견이 도움을 줄 수 있는 사람이나 동물의 수보다 훨씬 적은 수의) 일부 동물을 이용하는 것 말고는 이 목표를 달성할 다른 방법이 없고,

- 그 실험동물들이 경험할 수 있는 일체의 고통과 괴로움을 감소시키기 위한 모든 가능한 조치들이 취해졌고,
- 더 많은 전체적 선을 산출할 연구를 수행하는 데 있어서 돈, 시간, 기술을 사용할 다른 방법이 존재하지 않는다면,

그럴 경우에

- 연구 목적의 동물 이용은 정당화될 수 있을 것이다.

동물들이 어떻게 대우받아야 하는가에 관한 이상의 논의는 동물을 죽이는 것의 그름에 관한 주장에 기초한 것이 아니다. 그것은 전적으로 고통당하지 않을 동물의 '이해관계 평등 고려의 원리(the principle of equal consideration of interests)'에 기초한 것이다. 벤담은 식용을 목적으로 동물을 죽이는 것은 그르지 않다고 생각했다.

> … 우리가 먹고 싶어 하는 동물을 먹는 것을 허용해야 할 좋은 이유가 있다. 우리는 그것으로 인해 더 좋을 것이고, 동물들은 결코 더 나빠지지 않을 것이다. 동물들은 우리와 달리 미래의 불행에 대한 장기적인 전망을 가지지 못한다.

동물들은 보통의 인간들이 자신의 죽음을 예측하는 것처럼 자신들의 죽음을 예측할 수 없다. 이 점을 지적하면서 벤담은 그것을 하나의 중요한 차이점으로 끌어들인다. 그러나 그

가 동물들이 죽임을 당함으로써 '결코 더 나빠지지 않는다'고 주장한 이유는 무엇일까? 만약 동물들이 죽임을 당하지 않았을 경우에 그들의 삶에서 고통을 뺀 쾌락이 더 많다면, 그들을 죽이는 것은 아주 직접적인 방식으로 그들의 처지를 더 나쁘게 만드는 것이다. 공리주의자라면 이것을 비난할 수밖에 없다. 그러나 어쩌면 벤담은 많은 육식 지지자들이 지속적으로 제기해 온 더 미묘한 다른 주장, 즉 만약 우리가 육식을 하지 않았더라면 죽임을 당하는 돼지, 소, 닭들은 아예 존재하지도 않았을 것이라는 주장을 하는 것일지도 모른다. 벤담의 시대에는 공장식 축산 농장이 없었다. 그래서 식용으로 사육되는 대부분의 동물들의 삶은 오늘날보다 더 좋았을 것이고, 인도적인 도축법이 없었음에도 불구하고 틀림없이 긍정적이었을 것이다. 그러므로 벤담이 '동물들이 결코 더 나빠지지 않는다'라고 썼을 때 아마도 그가 의도했던 바는 식용 목적으로 동물들을 사육하고 죽이는 실천 관행 때문에 동물들이 일반적으로 더 나빠지지는 않는다는 의미일 것이다. 만약 그렇다면 그는 오늘날에도 계속되고 있는 논쟁에 참여하고 있는 것이며, 우리가 이 장의 뒤에서 다루게 될 인구 문제와도 관련이 있는 쟁점을 제기하고 있는 것이다.

효과적 이타주의

공리주의자들은 대체로 개혁가들이다. 그러나 그들의 개혁은 정치적 우익일 수도 있고 좌익일 수도 있다. 그것은 그들이 규제 없는 자유 시장을 모든 사람을 번영하게 만드는 최선의 방법이라고 생각하느냐, 아니면 국가가 모든 사람의 기본적 필요가 충족되도록 보장할 필요가 있다고 생각하느냐에 달려 있다. 빈곤의 원인에 관해서 그리고 빈민법(Poor Laws) 개혁에 관해서 광범위한 글을 쓴 벤담은 후자에 속한다. 그의 시대의 보통의 관행과는 달리, 그는 '받을 만한 가치가 있는' 가난한 사람들로 원조를 제한하지 않았다. 어떤 사람의 가난이 그 사람이 무책임하게 행위한 결과로서 초래된 것이라고 할지라도 벤담은 그 사람이 굶어 죽는 것을 방지하기 위하여 원조해야 한다고 주장하였다. 그는 그 근거로 구제 기금을 내는 납세자의 고통보다 기아로 인한 죽음의 고통이 훨씬 더 크다는 점을 지적하였다.

오늘날 더 발전된 부유한 나라에서는 정부가 그 나라의 모든 시민들이 그리고 보통은 그 나라의 국경 안에 살고 있는 모든 사람들이 충분한 음식과 적어도 기본적인 의료 서비스를 얻을 수 있는 수단들을 보장한다. 그러나 음식의 부족이나 기본적인 의료 서비스의 부족으로 인한 고통은 부유한 나라의 국경 밖에 살고 있는 사람들이나 국경 안에 살고 있는 사람들이나 마찬가지이다. 벤담의 시대에는 통신과 수송이 너무 느려서 멀리 떨어져 있는 나라의 굶어 죽어 가고 있는 사람들을 효과적으로 도울 수 없었다. 오늘날은 그러한 장애물들이 극복되었으므로 절대 빈곤 문제는 전 지구적 접근을 요구하고 있다. 지난 50년 동안에 주요 종교의 지지자들과 공리주의자들의 후원에 힘입어서 절대 빈곤을 줄이는 데 중요한 진전이 있었다. 2015년에 아마도 우리 인류가 존재한 이래 처음으로 절대 빈곤 상태에 살고 있는 사람들의 비율이 10% 아래로 떨어졌다. 그리고 15세 이전에 사망하는 아이들의 수도 1960년에 2,000만 명에서 2015년에 600만 명 이하로 떨어졌다. 그 기간 동안에 세계 인구가 두 배 이상 늘어났음을 감안하면 이것은 중요한 진전이라고 할 수 있다.

이 숫자들은 고무적이다. 그러나 10억 명 이상의 사람들이 부유한 나라에 살면서 사치품의 소비에 막대한 양의 돈을 낭비하는 세계에서 7억 명의 사람들이 절대 빈곤 상태에 살고 있고, 거의 600만 명의 아이들이 매년 피할 수 있는 빈곤 관련 원인들로 인해서 죽는다는 사실은 절대 빈곤이 여전히 막대한 양의 방지할 수 있는 인간의 고통을 야기하고 있다는 것을 보여 준다.

효과적 이타주의는 이런 상황에 대한 하나의 응답이다. 효과적 이타주의는 2009년에 토비 오드(Toby Ord)가 가장 효과적인 단체들에 기부함으로써 사람들이 얼마나 많은 선을 행할 수 있는가를 알려 주는 단체인 Giving What You Can(당신이 할 수 있는 기부)을 창립하면서 시작되었다. 인류 멸종의 위험을 줄이는 것의 중요성을 강조한 닉 보스트롬(Nick Bostrom)의 저작이 그랬던 것처럼, 피터 싱어의 널리 알려진 논문인 「기아, 풍요 그리고 도덕(Famine, Affluence and Morality)」이 중요한 역할을 했다. 윌 매캐스킬(Will MacAskill)이 Giving What You Can을 설립하는 데 오드와 협력하였고, 곧 이어서 Give Well, Less Wrong, The Life You Can Save와 같은 다른 단체들이 뒤따랐다. 이 단체들은 모두 효과적 이타주의를 전 세계적 운동으로 발전시키기 위해서 연대하고 있다. 오드와 매캐스킬은 옥스퍼드 대학의 철학자들인데, 그들은 다른 어떤 긍정적인 도덕적 견해보다 공리주의를 더 신뢰한다고 말하고 있다. (그들이 이렇게 신중한 표현을 사용하는 것은 올바른 도덕적 견해가 무엇인지에 관해서 불확실성을 허용하기 위해서이다.) 효과적 이타주의는 우리에게 가능한 한 효과적으로 다른 사람들을 도우라고 권장하기 때문에, 공리주의자들이 효과적 이타주의자가 되어야 함은 분명하다. 그리고 3,000명의 효과적 이타주의자들을 대상으로 한 2015년의 한 조사에서 56%가 자신들을 공리주의자라고 말했다. 물론 비공리주의적인 도덕적 견해를 주장하는 효과적 이타주의자들도 여전히 상당한 비율로 남아 있다. 그러나 이것은 놀랄 일이 아니다. 왜냐하면 우리가 몇몇 도덕 규칙들을 위반하지 않는 한 또는 몇몇 덕들에 반해서 행위하지 않는 한, 우리가 가능한 한 효과적으로 다른 사람들을 도와야 한다고 제안하는 많은 다른 도덕적 견해들이 있기 때문이다. 그럼에도 불구하고 효과적 이타주의는 아마도 공리주의가 오늘날 사람들이 어떻게 행위하고 얼마만큼의 선을 행하는지에 얼마나 영향력이 있는지를 보여 주는 가장 분명한 예일 것이다.

효과적 이타주의는 우리가 도와야 하는 사람들에 대해서 공평한 관점을 채택한다. 그 목표는 우리가 사용할 수 있는 자원 — 그것이 무엇이 되었건 — 을 가지고 우리가 할 수 있는 가장 많은 선을 행하는 것이다. 그리고 만약 우리가 자신이 속한 공동체에 사는 사람들보다 개발도상국에 사는 사람들을 도움으로써 더 많은 선을 행할 수 있다면, 그것이 바로 우리가 해야만 하는 것이다. 동일한 공평한 관점이 현재와 미래 사이의 선택에도 적용된다. 미래의 일정 시기가 되고 나서야 비로소 우리가 한 행위의 영향이 느껴질 때가 있다. 그럴 경우에 효과적 이타주의자들은 우리가 그 영향에 관해서 덜 확신하는 정도까지만 미래를 할인한다.

효과적 이타주의는 가장 많은 선을 행하는 것이 무엇일지 결정하는 데 있어서 증거 사용의 중요성을 강조한다. 효과적 이타주의 운동의 가장 중요한 공헌 가운데 하나는 다른 사람들을 돕는 데 매우 효과적인 것처럼 보이는 대의명분들과 단체들을 평가하는 데 이용 가능한 증거들을 사용해 왔다는 것이다. 이 평가를 통해서 놀랄 만한 발견들이 나왔는데, 일부 자선단체들은 다른 단체들보다 수백 배나 더 효과적이었다. 토비 오드는 맹인들을 돕는 안내견을 훈련시키는 단체에 기부하는 것과 개발도상국에 사는 사람들이 맹인이 되거나 맹인인 채로 남아 있는 것을 예방하는 단체에 기부하는 것의 효과를 비교했다. 그는 맹도견 한 마리를 훈련시키는 데 대략 미화 40,000달러의 비용이 드는 데 반해서 개발도상국에서 실명의 가장 큰 원인인 과립성 결막염으로 인한 실명을 방지하는 데는 겨우 25달러의 비용이 든다는 것을 발견했다. 누군가의 실명을 방지하는 것은 대부분의 경우 맹인에게 안내견을 제공하는 것보다 더 좋은 것으로 보인다. 그러므로 오드가 제시한 숫자에 따르면, 과립성 결막염과 싸우는 단체에 기부하는 것이 맹도견 훈련 단체에 기부하는 것보다 **적어도 1,600배 더 효과적이다.**

효과적 이타주의자들은 도덕적 훌륭함보다는 결과에 더 많은 관심을 가진다. 그래서 그들은 누군가가 순수하게 이타주의적인 방식으로 행위했는지 아니면 좋은 평판을 얻거나 더 충만한 삶을 사는 데 관심이 있어서 행위했는지에 관해서는 신경 쓰지 않는다. 그런 이유 때문에, 그들은 관대한 사람들이 다른 사람들을 덜 돕는 사람들보다 자기 삶에 더 만족한다는 것을 보여 주는 연구에 주목한다.

효과적 이타주의자들은 전 지구적 빈곤 감소를 가장 많은 선을 행하는 한 가지 방법으로 간주한다. 그러나 일부 효과적 이타주의자들은 동물들의 고통을 감소시킴으로써 우리가 더 많은 선을 행할 수 있다고 생각한다. 이에 반해서 다른 사람들은 우리가 대재앙의 작은 위험 요소들을 무시하는 경향 때문에 인류 멸종의 위험을 줄이는 것에 관해서 충분히 생각하지 않는다고 주장한다. 인류 멸종을 가능케 하는 원인들에는 핵전쟁, 지구와 큰 소행성의 충돌, 자연적이건 생물 테러리즘의 결과이건 세계적인 유행병, 인간을 공격하는 초지능 컴퓨터가 포함된다.

이 같은 멸종의 위험 요소들을 감소시키는 것이 얼마나 중요한지에 관해서 말하기는 어렵다. 그리고 그것이 그 위험 요소들 자체와 그것들을 줄이는 우리의 능력을 양으로 나타내는 것이 어렵기 때문인 것은 말할 것도 없다. 더 심층적인 문제는, 그와 같은 계산을 할 때, 멸종의 사태가 일어난다면 사라지게 될 현존하는 생명들 — 즉, 오늘 그와 같은 멸종 사태가 일어난다면 죽게 되는 70억 이상의 사람들 — 만 고려해야 하는가, 아니면 존재하지도 못하게 될 헤아릴 수도 없이 많은 수백조의(또는 어쩌면 그 이상의 많은 자릿수의) 생명들도 포함시켜야 하는가라는 문제이다. [이 문제에 관해서] 단순히 가능한 존재들을 포함시키는 것에 반대하는 논변이 있을 수 있다. 즉, 현존하지도 않는 존재를 해롭게 한다고 말하는 것은 무의미하며, 따라서 이 가능한 존재들이 결코 실제로 존재하지 않을 것이라는 사실에 의해서 누구의 처지도 더 나빠지지 않는다는 반론이 있을 수 있다. 반면에, 만약 우리가 인간의 생명을 (우리 대다수가 확실히 그렇게 하듯이) 긍정적인 가치를 가지는 것으로 여긴다면, 미래의 인간이 존재하지 않게 된다면, 상당한 손실이 있는 것으로 보인다. 그 손실은 틀림없이 어떤 실제 인간에 대한 손실은 아니다. 그러나 우리는 우주의 특별한 부분인 지구에 또는 아마 우주 그 어디에라도 풍부하고 충만한 삶을 사는 지적인 존재가 없다면, 전체로서 우주는 덜 가치 있다고 말할 수 있을 것이다. 비록 우리가 가능한 존재들의 생명이 태어나지 못하게 하는 것을 실재하는 존재들의 생명의 손실과 동등하게 대우하지는 않는다고 할지라도, 우리가 단순히 가능한 존재들의 실존에 조금이라도 비중을 둔다면, 우리의 멸종으로 인해서 존재하지 못하게 될 가능성이 큰 방대한 숫자의 그런 생명들로 말미암아 그와 같은 멸종 사태를 방지하는 것의 중요성이 극적으로 커질 것이다. 만약 우리가 다음 세기나 그다음 세기 내에 멸종하지 않을 수 있다면, 우리는 아마도 다른 행성에 식민지를 건설할 수 있을 것이다. 그리고 그렇게 된다면 우리는 어떤 한 행성에서 재앙이 발생한다고 하더라도 그 재앙으로부터 우리 종을 보호할 수 있을 것이다. 그리고 어쩌면 수백만 년 동안 또는 심지어 수십억 년 동안 우리의 생존을 보장할 수 있을지도 모른다.

이런 사유 노선에 반응해서, 현재 한 효과적 이타주의 공동체가 공리주의적 근거에 따라 인류 멸종의 다양한 구체적인 위험 요소들을 최소화하는 방법들에 대한 연구를 촉구하고 수행하고 있다.

인구 문제

인류 멸종의 위험에 대한 우리의 논의에서 떠오르는 물음은 시지윅이 처음으로 제기한 인구 윤리학(population ethics)에서의 한 가지 쟁점과 관계된다. 그는 일부 상황에서는 더 많은 사람을 낳음으로써 행복 총량을 증가시키는 것이 가능하다는 것에 주목하였다. 그러나 이것은 (심각한 인구 과밀이나 1인당 자원 감소 때문에) 행복의 평균 수준이 저하된다는 것을 의미한다. 그러므로 여기서 제기되는 물음은 공리주의자들이 행복의 최고 평균 수준을 목표로 삼아야 하느냐 아니면 전체의 최대화를 목표로 삼아야 하느냐에 관한 것이다. 시지윅은 공리주의자들은 전체의 최대화를 목표로 삼아야 한다고 생각했다.

시지윅이 평균론(average view)을 거부한 것은 옳았다. 당신이 상상할 수 있는 가장 행복한 사람들 10억 명이 살고 있는 파라다이스라는 큰 대륙으로 이루어진 세상을 상상해 보라. 그곳에서 사람들은 전쟁, 폭력, 질병이 없는 가운데 풍요롭고 즐거운 삶을 살고 있다. 파라다이스 통계청은 전 세계 모든 사람들의 평균 행복 수준에 대해 보고하는 세계 행복 보고서 연감을 발간한다. 0에서 100까지 이어진 척도를 가지고 측정한 결과, 파라다이스의 행복 수준은 거의 99에 달한다. 그런데 탐험가들이 대양을 건너서 새로운 대륙인 할시온(Halcyon)[1]을

---

1. 할시온(Halcyon)은 원래 그리스 신화에 나오는 알키오네(Alcyone)에서 유래된 이름이다. 알키오네는 트라키스의 왕 케익스의 아내로서 항해에 나선 남편 케익스가 이미 물에 빠져 죽은 줄도 모르고 매일같이 남편을 위해 기도를 올렸다. 이를 불쌍히 여긴 헤라 여신이 꿈의 신 모르페우스를 보내 남편의 죽음을 알려 주자, 비탄에 빠져 바다를 거닐다 새로 변신하였다고 한다. 신화 속의 새인 할시온은 동지 무렵에 바다 위에 보금자리를 만들어 풍파를 가라앉히고 알을 깐다고 한다. 그래서 동지 전후의 날씨가 평온한 2주일을 halcyon days라고 하며, 일반적으로 할시온은 평온 또는 행복을 의미한다:

발견했다. 그 신대륙에도 10억 명의 사람들이 살고 있는데, 그들도 전쟁, 폭력, 질병이 없는 가운데 풍요롭고 즐거운 삶을 살고 있다. 그러나 할시온의 날씨는 파라다이스만큼 아주 쾌적하지는 않아서 파라다이스 통계청이 사용하는 척도로 재었을 때 그들의 행복 수준은 대략 90에 달한다.

파라다이스 통계학자들이 다음 번 세계 행복 보고서의 통계를 내게 되었을 때, 그들은 파라다이스 주민들이 신대륙 발견 소식에 너무 기뻐서 평균 행복 수준이 100까지 치솟았다는 것을 알게 되었다. 그럼에도 불구하고 새로 발견된 할시온의 주민들을 처음으로 통계에 포함시켰기 때문에 세계 평균 행복 수준은 95로 떨어졌다. 평균론의 지지자들에 따르면, 이것은 나쁜 것임에 틀림없다. 그러나 단지 즐거움을 감소시키는 비 오는 날들이 약간 있을 뿐인 환경에서 모두 풍요롭고 즐거운 삶을 살고 있는 10억 명의 사람들의 존재를 나쁜 것으로 간주하는 것은 이치에 맞지 않는다. 도대체 누구에게 나쁜가? 파라다이스 주민들에게는 나쁘지 않다. 왜냐하면 그들의 평균 행복 수준은 신대륙의 발견과 새로운 문화 때문에 올라갔기 때문이다. 그러나 할시온의 주민들에게도 확실히 나쁘지 않다. 그들은 자신들의 삶에 매우 만족하고 있고, 날씨가 약간 더 쾌청한 파라다이스에 살고 있는 새로운 친구들을 결코 질투하지도 않는다. 이 예가 보여 주는 바와 같이 평균론은 세

옮긴이.

계 안에 살고 있는 사람들 가운데 누구도 조금의 해악도 당하지 않았음에도 불구하고 그리고 서로 다른 인구 집단의 행복 수준의 차이가 불평등주의적 정책이나 개별적 행동의 결과가 아님에도 불구하고, 세계가 점점 더 나빠질 수 있음을 시사한다. 이것은 틀린 것으로 보인다.

그러면 우리는 전체론(total view)을 받아들여야 하는가? 그러기 전에 우리는 그것의 부적절한 의미 함축을 고려해 보아야만 한다. 전체론은 풍요롭고 충만하고 지극히 행복한 삶을 살고 있는 사람들로 이루어진 세계보다 모든 사람이 아주 간신히 긍정적인 ― 고통보다 쾌락이 약간 더 많은 ― 삶을 사는 세계가 더 좋을 수 있다는 의미를 함축하고 있다. 전체론에 따르면, 인구가 충분히 많아서 간신히 긍정적인 삶을 사는 모든 사람들의 행복의 총합이 결국 더 큰 행복 총량을 이루게 되는 한, 아주 간신히 긍정적인 삶을 살고 있는 사람들의 세계가 지극히 행복한 사람들로 가득 찬 세계보다 더 좋은 세계이다. 물론 그 세계는 우리 지구가 현재 감당할 수 있는 인구 규모를 훨씬 능가하는 거대한 인구를 지닌 세계여야만 할 것이다. 그러나 이 사고 실험은 지구의 한계에 의해 제약되지 않는다. 그렇다면 당신은 정말로 더 큰 행복 총량을 가진 세계를 더 좋은 세계라고 생각하는가?

평균론과 전체론이 모두 만족스럽지 않다면, 어떤 이론이 더 좋은가? 1970년대에 데릭 파핏이 이 물음을 처음 논의한 이래로, 철학자들은 파핏이 '이론 X'라고 부른 것을 찾기 위해 노력해 왔다. '이론 X'는 본래적으로 이치에 맞고, 우리가 이 경우들에 관해서 지니고 있는 강력한 직관들을 조화시킬 수 있는 이론이다. 그런 이론은 아직 발견되지 않았다. 그리고 어쩌면 그런 이론은 아예 가능하지 않을지도 모른다. 그러나 이것이 공리주의에 고유한 문제는 아니다. 윤리 이론이라면 어떤 것이든 어떤 상황에서 정부가 부부에게 아이를 더 많이 낳으라고 촉구하는 것이 바람직한지에 관해서 그리고 어떤 상황에서 부부가 아이 없이 살거나 가정이 없는 아이를 입양하는 것보다 아이를 낳는 것이 바람직한지에 관해서 말할 수 있어야만 한다.

2050년쯤이면 도달할 것으로 예측되는 100억 명의 인구를 지구가 지탱할 수 있을지에 관심을 가지고 생각해 본다면, 많은 사람들이 분명한 대답을 발견할 것이다. 그럼에도 불구하고, 다른 조건이 같다고 할 때, 행복한 삶을 살 것으로 기대되는 아이를 낳는 것이 좋은 것인가라는 물음은 우리 지구의 미래에 대한 낙관주의적 관점을 따른다고 해도 진정한 물음으로 남아 있다.

국민 총 행복

파라다이스와 할시온은 불행히도 상상의 세계이지만, 세계 행복 보고서는 실제로 존재한다. 첫 번째 보고서는 2012년에 발간되었는데, 그것은 행복과 복지에 관한 유엔 고위급 회담(United Nations High Level Meeting on Happiness and Well-Being)을 위해서 독립적인 전문가 집단이 제출한 것이다. 그 회담은 유엔총회의 결정을 따른 것인데, 유엔 총회는 회원국들이 행복을 '근본적인 인간의 목표'로 인정하고 자국민의 행복을 측정하여 그것을 공공 정책의 형성에 이용할 것을 결의하였다. 그러한 제안은 확실히 공리주의적 사고와 매우 일치한다.

그 유엔 결의는 부탄의 수상이 제안한 것이다. 부탄은 '국민 총 행복'을 증진하는 데 선구자인 히말라야의 작은 왕국이다. 부탄에서는 수상이 의장을 맡고 있는 국민 총 행복 위원회(Gross National Happiness Commission)가 정부 부처에서 제출한 모든 새로운 정책 제안들을 평가한다. 국민 총 행복 증진이라는 목표에 반하는 것으로 밝혀진 정책들은 각 부서로 되돌려 보내져서 재고된다. 최종적으로 위원회의 승인을 받지 못한 정책들은 집행되지 않는다. 국민 행복 증진이라는 목표에 따라서 부탄은 궐련을 비롯하여 모든 종류의 담배 판매를 금지하고 있다.

아마도 우리는 소득이나 국내총생산이 아니라 행복 증진이 우리의 목표가 되어야 한다는 데 동의할 수 있을 것이다. 그러나 4장에서 논의한 바 있는 행복 측정의 난점들을 고려해 볼 때, 행복을 정부 정책의 성공의 지표로서 간주하는 것이 실현가능할까? 현재 사회과학자들과 여론조사 기관들은 행복을 측정하는 데 두 가지 주요 접근법을 사용하고 있다. 한 가지 접근법은 사람들이 가지는 긍정적 순간들의 수를 합산한 다음에 그것에서 부정적 순간들의 수를 빼는 방법을 사용한다. 그 결과가 대체로 양수 ― 긍정적이 ― 라면 그 사람의 삶을 행복한 것으로 간주하고, 음수 ― 부정적이 ― 라면 불행한 것으로 간주한다. 그러므로 이런 식으로 행복을 측정하기 위해서 우리는 사람들의 삶의 순간들을 무작위로 표본추출 한 다음에, 그들이 긍정적인 심리 상태를 경험하는지, 아니면 부정적인 심리 상태를 경험하는지를 알아내야 한다. 두 번째 접근법은 사람들에게 '당신은 지금까지 살아온 당신의 삶에 대해서 얼마나 만족하는가?'라고 묻는 것이다. 그들이 만족한다거나 아주 만족한다고 대답한다면, 그들은 행복하다. 첫 번째 접근법을 사용하는 조사에서는 나이지리아, 멕시코, 브라질, 푸에르토리코 같은 나라들이 좋은 결과를 얻었다. 이것은 대답들이 건강, 교육, 생활수준 같은 객관적 지표보다는 그 나라의 문화와 더 관련이 있다는 것을 암시한다. 두 번째 접근법을 채택한 조사에서는 덴마크와 스위스 같은 부유한 나라들이 상위를 차지하는 경향이 있다. 그러나 서로 다른 언어를 사용해서 서로 다른 문화에서 진행된 설문에 대한 사람들의 답변이 정말로 동일한 것을 의미하는지는 분명하지 않다.

행복을 근본적인 인간의 목표로 인정하는 유엔 결의가 있은 이후에 여러 국제·국내 기구들이 행복을 측정하는 최선의 방법을 탐구해 왔다. 경제협력개발기구(OECD)는 2013년에 Better Life Initiative(더 좋은 삶 계획)를 시작하였다. Better Life Initiative는 정부가 자국민의 복지를 측정하는 것을 돕기 위한 일련의 지침들을 제공하고 있다. 그 지침들은 주관적인 복지의 측정이 믿을 만하다는 것 그래서 그것이 정책 결정을 위한 기초를 제공할 수 있다는 것을 보여 주는 점증하는 증거들을 반영하고 있다. 유엔개발계획(UNDP, United Nations Development Programme)도 그것이 만들어 내는 개발 통계에 국민 평균 생활 평가(national average life evaluations)를 추가했다. 행복 측정에 대한 과학자들의 연구가 더 진척되고 행복을 증진하는 것이 무엇인지에 대한 이해가 깊어짐에 따라, 행복이 공공 정책의 근본적 목표라는 생각은 지지를 얻고 있다. 벤담이 이 소식을 듣는다면 기뻐할 것이다.

더 읽을거리와 주석의 출처

일반론

공리주의에 대한 최근의 입문서들은 다음과 같다. Krister Bykvist, *Utilitarianism: A Guide for the Perplexed*, Bloomsbury Academic, London, 2010; Tim Mulgan, *Understanding Utilitarianism*, Routledge, London, 2014. 공리주의에 관해서 더 심층적인 논의를 원하는 사람들은 다음의 책을 읽길 권한다. Katarzyna de Lazari-Radek and Peter Singer, *The Point of View of the Universe*, Oxford University Press, Oxford, 2014. 또는 Torbjörn Tännsjö, *Hedonistic Utilitarianism*, Edinburgh University Press, Edinburgh, 1998. 이 책에서 논의된 구체적 주제들에 관해서는 *Stanford Encyclopedia of Philosophy*: ⟨https://plato.stanford.edu⟩ 온라인 판에서 해당 주제를 찾아볼 것을 권한다.

머리말

도입부에 있는 인용문들의 출처는 다음과 같다.
동물에 관한 인용문: Jeremy Bentham, *Principles of Penal Law*,

Part III, ch. 16, in *The Works of Jeremy Bentham*, ed. J. Bowring, William Tait, Edinburgh, 1838, p. 562.

동성애에 관한 인용문: Jeremy Bentham, from a manuscript in the University College, London, Bentham manuscripts, folder lxxiv(a), sheet 6, quoted by Faramerz Dabhoiwala, *The Origins of Sex*, Allen Lane, London, 2012, p. 135.

여성에 관한 인용문: John Stuart Mill, *The Subjection of Women*, Longmans Green, London, 1869. 첫 번째 단락은 1장에서, 두 번째 단락은 3장에서 인용함.

카를 마르크스의 벤담에 대한 논평은 Karl Marx, *Capital*, vol. 1, ch. XXIV, sect. 5, Penguin, London, 1992(초판 1867). 프리드리히 니체의 공리주의에 대한 언급은 Friedrich Nietzsche, *Beyond Good and Evil*, sect. 260, Penguin, London, 1973(초판 1886), trans. R. J. Hollingdale. 버나드 윌리엄스의 공리주의에 대한 공격은 J. J. C. Smart and Bernard Williams, *Utilitarianism: For or Against*, Cambridge University Press, Cambridge, 1973, p. 150. 필리파 푸트의 인용문은 Philippa Foot, 'Utilitarianism and the Virtues,' *Mind*, 94(1985), p. 196.

1장: 기원

공리주의 역사에 관한 좋은 입문서는 Frederick Rosen, *Classical Utilitarianism from Hume to Mill*, Routledge, London, 2003. Bart Schultz, *The Happiness Philosophers*, Princeton University Press, Princeton, 2017. 바트 슐츠의 책은 윌리엄 고드윈, 제레미 벤담, 존 스튜어트 밀과 해리엇 테일러 밀, 헨리 시지윅의 생애와 저작에

초점을 맞추어 저술된 것이다.

고대의 선구자들

묵자에 관해서는 *The Stanford Encyclopedia of Philosophy*에서 Chris Fraser가 쓴 Mohism 항목을 보라. 〈https://plato.stanford.edu/entries/mohism〉. 다른 유용한 자료는 Chad Hansen, 'Mozi: Language Utilitarianism: The Structure of Ethics in Classical China,' *The Journal of Chinese Philosophy* 16(1989), pp. 355-80. 묵자에 대한 더 많은 정보는 홍콩 대학교의 다음 사이트에서 찾아볼 수 있다. 〈http://www.philosophy.hku.hk/ch/moencyred.html〉.
부처의 윤리학과 그것의 공리주의적 경향에 관해서는 다음을 보라. Chao-hwei Shih, *Buddhist Normative Ethics*, Dharma-Dhatu Publications, Taoyuan, Taiwan, 2014.
에피쿠로스에 관해서는 *The Stanford Encyclopedia of Philosophy*에서 David Konstan의 논문을 보라. 〈https://plato.stanford.edu/entries/epicurus/〉.

초기 공리주의자들

초기 공리주의자들의 인용문 출처는 다음과 같다.

Richard Cumberland, *De legibus naturae*, ch. 5, sect. IX, 초판 1672; 우리는 1727년에 처음 출판된 John Maxwell의 최초의 영역본에서 인용했다. 이 책은 Liberty Fund에 의해 Indianapolis에서 2005년에 재인쇄되었다. (이 책과 다른 두 저작은 다른 많은 고전 텍스트들과 함께 Liberty Fund 온라인 판에서 이용할 수 있다.)

Anthony Ashley Cooper, Earl of Shaftesbury, *Characteristicks of Men, Manners, Opinions, Times*, Liberty Fund, Indianapolis, 2001, vol. 1, p. 37.

Frances Hutcheson, *An Inquiry into the Original of our Ideas of Beauty and Virtue*, Liberty Fund, Indianapolis, 2004(초판 1726), treatise ii, section iii, paragraph VIII.

자신의 눈에서 비늘이 떨어지는 것 같았다는 벤담의 언급과 최대 행복의 증진에 자신의 삶을 바치기로 했다는 언급은 『정부론 단편』 1장 주석에서 인용한 것이다. Bentham, *A Fragment on Government*, ed. J. H. Burns and H. L. A. Hart, Cambridge University Press, Cambridge, 1988(초판은 익명으로 1776년에 출간되었다).

요하임 흐루쉬카는 공리주의 사상을 예기한 최초의 사상가들 중에는 독일 사상가들도 있다고 주장한다. Joachim Hruschka, 'The Greatest Happiness Principle and Other Early German Anticipations of Utilitarian Theory,' *Utilitas*, 3 (1991), pp. 165-77.

창시자: 벤담

명시적으로 공리주의 이론을 다루면서 출판된 유일한 저작은 『도덕과 입법의 원리에 관한 서론(*Introduction to the Principles of Morals and Legislation*)』이다. 이 책은 1780년에 쓰였고, 몇 가지 내용을 추가하여 1789년에 처음 출판되었다. 여러 종류의 인쇄본이 있고 온라인 판으로도 이용할 수 있다.

벤담의 미출간 원고들을 옮겨 적는 데 관심이 있는 사람들은 다음 주소로 가면 된다. ⟨https://www.ucl.ac.uk/Bentham-Project/transcribe_bentham⟩.

새뮤얼 존슨의 '비정상적 성교' 처벌론은 다음에서 인용했다. Faramerz Dabhoiwala, 'Lust and Liberty,' *Past and Present*, 207(2010), p. 150. 같은 논문의 pp. 168-74에는 성도덕에 관한

벤담의 글의 유용한 요약을 포함하고 있다. 이 저작들의 선집은 다음을 보라. Jeremy Bentham, *Of Sexual Irregularities, and Other Writings on Sexual Morality*, ed. Philip Schofield, Catherine Pease-Watkin, and Michael Quinn, Clarendon Press, Oxford, 2014. 텍스트에서 언급된 특정 구문들은 이 책의 112와 148쪽에서 인용한 것이다.

옹호자: 존 스튜어트 밀

밀의 『공리주의(*Utilitarianism*)』는 1861년에 세 편의 시리즈 논문으로 출판되었다가 2년 후에 단행본으로 출판되었다. 다양한 인쇄본과 온라인 판으로 이용이 가능하다. 밀의 『공리주의』에 대한 더 진전된 논의는 다음을 보라. Roger Crisp, *On Utilitarianism*, Routledge, London, 1997 and *The Blackwell Guide to Mill's Utilitarianism*, ed. Henry West, Wiley-Blackwell, London, 2006.

벤담을 읽으면서 밀이 느낀 감정에 대한 기술은 다음에서 찾아볼 수 있다. Mill, *Autobiography*, Penguin, London, 1990(초판 1873), ch. 3.

강단 철학자: 헨리 시지윅

시지윅의 가장 유명한 저작은 『윤리학의 방법(*The Methods of Ethics*)』이다. 『윤리학의 방법』의 초판은 1874년에 간행되었으나 시지윅은 평생 동안 그것을 개정하였다. 가장 널리 사용되는 판본은 저자 사후인 1907년에 출판된 7판이다. 인쇄본과 온라인판 모두 이용 가능하다.

시지윅에 대한 스마트의 높은 평가는 다음에 실려 있다. Smart, 'Extreme and Restricted Utilitarianism,' *Philosophical Quarterly*, 25(1956), pp. 344-54. 파핏의 논평은 다음에 실려 있다. Parfit,

On What Matters, vol. 1, Oxford University Press, Oxford, 2011, p. xxxiii. 시지윅의 생애에 관한 가장 좋은 설명은 다음을 보라. Bart Schultz, *Henry Sidgwick: Eye of the Universe*, Cambridge University Press, Cambridge, 2004. 시지윅의 낭만적 성향에 대한 우리의 진술은 슐츠가 414-15쪽에서 제시한 증거에 기초한 것이다. 『윤리학의 방법』에 관한 고전적 연구로는 쉬네윈드의 다음 저작을 들 수 있다. Jerome Schneewind, *Sidgwick's Ethics and Victorian Moral Philosophy*, Clarendon Press, Oxford, 1977. 『윤리학의 방법』에 관한 보다 최근의 연구서들에는 다음의 것들이 있다. David Phillips, *Sidgwickian Ethics*, Oxford University Press, Oxford, 2011, Katarzyna de Lazari-Radek and Peter Singer, *The Point of View of the Universe*, Oxford University Press, Oxford, 2014, and Roger Crisp, *The Cosmos of Duty*, Oxford University Press, Oxford, 2015.

2장: 정당화

공리주의 원리에 대한 벤담의 정당화

데카르트는 자신의 토대주의 방법을 『방법 서설(*Discourse on Method*)』(1637)에서 지지했고, 『제1철학에 대한 성찰(*Meditations on First Philosophy*)』(1641)에서 사용하였다. 거기서 그는 '나는 생각한다. 고로 존재한다'가 지식의 확실한 토대를 제공한다고 주장했다. 롤스는 『정의론(*A Theory of Justice*)』에서 반성적 평형의 아이디어를 전개한다. Rawls, *A Theory of Justice*, Belknap Press of Harvard University Press, Cambridge, Mass., 1971, revised edition 1999.

흐름도의 근거는 다음과 같다. Bentham, *An Introduction to the Principles of Morals and Legislation*, ch. 1, para. XIV.

밀의 증명

밀의 『공리주의』는 공개 강의 계획서 프로젝트(The Open Syllabus Project, 〈http://www.opensyllabusproject.org?〉, 2017년 1월 11일 마지막 검색)에 의해서 철학 강좌에서 많이 사용되는 텍스트 2위에 올랐다. 밀의 공리의 원리에 대한 '증명'은 그의 『공리주의』 4장의 주제이다.

시지윅의 증명

상식 도덕에 대한 시지윅의 비판적 검토는 『윤리학의 방법』 3권에서 다루어진다. 그 책의 11장은 그의 논증의 요약이다. 그리고 시지윅이 어떤 명제가 자명하기 위해서 만족시켜야만 하는 네 가지 조건을 개진한 것은 11장 2부이다. 3권 13장에서 시지윅은 정의, 타산, 박애의 공리들을 주장한다.

하사니: 무지의 조건 하에서 합리적 선택 논증

하사니가 무지의 입장으로부터 선택 장치를 사용한 것은 다음 논문에서이다. John Harsanyi, 'Cardinal Welfare, Individualistic Ethics, and Interpersonal Comparisons of Utility,' *Journal of Political Economy*, 63/4(Aug. 1955), pp. 309-32, 특히 p. 316. 이보다 앞서서 이루어진 보다 간략한 진술은 하사니의 다음 논문을 보라. John Harsanyi, 'Cardinal Utility in Welfare Economics and in the Theory of Risk-Taking,' *Journal of Political Economy*, 61/5(Oct. 1953), pp. 434-5. 롤스는 무지의 베일이 당사자들로 하여금 『정

의론』26부에서 논의된 정의의 두 원리들을 선택하도록 이끈다고 주장한다. 이 책의 이 부분의 논증이 설득력 없다는 것의 증명은 다음을 보라. Brian Barry, *The Liberal Theory of Justice*, Clarendon Press, Oxford, 1973, 특히 ch. 9. 하사니는 자신의 공리주의 지지 논증을 다음 논문에서 정식화했다. Harsanyi, 'Bayesian Decision Theory and Utilitarian Ethics,' *The American Economic Review*, 68(1978), pp. 223-8. 그 증명에 대한 논의는 다음을 보라. Hilary Greaves, 'A Reconsideration of the Harsanyi-Sen-Weymark Debate on Utilitarianism,' *Utilitas* (2016), pp. 1-39. doi: 10.1017/S0953820816000169(print version forthcoming).

스마트: 태도와 감정에의 호소
스마트의 『공리주의 윤리학 체계 개관(*An Outline of a System of Utilitarian Ethics*)』은 1961년에 멜버른 대학 출판부에서 처음 간행되었고, 개정판은 나중에 J. J. C. Smart and Bernard Williams, *Utilitarianism For & Against*, Cambridge University Press, Cambridge, 1973의 일부로 포함되었다. 스마트의 인용문은 이 개정판의 7-8쪽에서 인용하였다.

헤어의 보편적 규정주의
헤어는 자신의 다음 책들에서 보편화 가능성에 관하여 논의하고 있다. R. M. Hare, *Freedom and Reason*, Oxford University Press, Oxford, 1963, and *Moral Thinking*, Oxford University Press, Oxford, 1981. 헤어의 입장에 대한 더 간략한 진술은 다음을 보라. R. M. Hare, 'Universal Prescriptivism,' in Peter Singer, ed., *A Companion to Ethics*, Blackwell, Oxford, 1991. 거기서 보편화 가

능성에 대한 설명은 456쪽에 실려 있다. 조지 버나드 쇼의 황금률에 대한 반응은 다음에서 인용한 것이다. George Bernard Shaw, 'Maxims for Revolutionists,' an appendix to his play *Man and Superman*, Penguin, London, 2001(초판 1905). 헤어가 보편화 가능성이 공리주의로 이어진다고 최초로 주장한 것은 다음 논문에서이다. 'Ethical Theory and Utilitarianism,' in H. D. Lewis, ed., *Contemporary British Philosophy 4*, Allen and Unwin, London, 1976. 재수록, R. M. Hare, *Essays in Ethical Theory*, Clarendon Press, Oxford, 1989. 그가 논증을 완전하게 발전시킨 것은 *Moral Thinking*, Oxford University Press, Oxford, 1981에서이다. 『도덕적 사유(Moral Thinking)』는 또한 무도덕주의에 관한 헤어의 논의를 포함하고 있다. 특히, 186쪽을 보라.

많은 상이한 문헌들과 문화들 속에 나타나는 '황금률'에 대한 개요는 다음 책을 보라. Howard Terry, *Golden Rules and Silver Rules of Humanity*, Infinity Publishing, West Conshoschoken, Pa., 2011.

그린: 반대 원리의 오류 폭로를 통한 공리주의 옹호 논증

진화에 관한 사실로부터 가치를 연역하고자 했던 일부 사회생물학자들이 범한 오류에 관해서는 다음을 보라. Peter Singer, *The Expanding Circle*, 2nd edn, Princeton University Press, Princeton, 2011.

그린의 공리주의 지지 논증은 다음 논문에 가장 분명하게 제시되어 있다. Joshua D. Greene, 'Beyond Point-and-Shoot Morality: Why Cognitive (Neuro)Science Matters for Ethics,' *Ethics*, 124 (July 2014), pp. 695-726. 그의 논증이 기초하고 있는 연구에 대한 더 완전한 진술은 그의 이전 책인 다음에 실려 있다. Joshua D.

Greene, *Moral Tribes: Emotion, Reason, and the Gap Between Us and Them*, Penguin, New York, 2013.

트롤리 문제에 대한 최초의 진술은 필리파 푸트의 다음 논문에 실려 있다. Philippa Foot, 'The Problem of Abortion and the Doctrine of Double Effect,' *Oxford Review*, 5(1967), pp. 5-15. 그 후 트롤리 문제는 주디스 자비스 톰슨의 다음 논문에 의해서 발전되었다. Judith Jarvis Thomson, 'The Trolley Problem,' *Yale Law Journal*, 94(1985), pp. 1395-415. 트롤리 문제를 논의하고 있는 책은 다음을 보라. David Edmonds, *Would You Kill the Fat Man?*, Princeton University Press, Princeton, 2013, and Thomas Catheart, *The Trolley Problem*, Workman, New York, 2013. 대다수 사람들이 환상선 사례에 대해서 스위치 사례와 같은 방식으로 반응한다는 진술은 다음 논문에 기술된 실험 2에 의해서 지지된다. Michael Waldman and Jörn Dieterich, 'Throwing a Bomb on a Person Versus Throwing a Person on a Bomb: Intervention Myopia in Moral Decisions,' *Psychological Science*, 18(2007), pp. 247-53.

이중 과정 이론이 처음 제안된 것은 세이무어 엡스타인의 다음 논문에서이다. Seymour Epstein, 'Integration of the Cognitive and the Psychodynamic Unconscious,' *American Psychologist*, 49(1994), pp. 709-24. 이후에 이중 과정 이론은 지난 20여 년 동안에 많은 과학자들에 의해서 발전되었다. 이중 과정 이론에 대한 이해하기 쉬운 진술은 대니얼 카너먼의 다음 책을 보라. Daniel Kahneman, *Thinking Fast and Slow*, Farrar, Straus and Giroux, New York, 2013.

육교 사례와 비교되는 원거리 육교 사례에 대한 반응은 다음 논문을 보라. Joshua D. Greene et al., 'Pushing Moral Buttons:

The Interaction between Personal Force and Intention in Moral Judgment,' *Cognition*, 111(2009), pp. 364-71.

성인의 근친상간에 대한 반응은 다음을 보라. Jonathan Haidt, 'The Emotional Dog and its Rational Tail,' *Psychological Review*, 108/4(2001), pp. 814-34, and the report of the German Ethics Council *Inzestverbot: Stellungnahme*, 24 September 2014, ⟨http://www.ethikrat.org/publikationen/stellungnahmen/inzestverbot⟩.

적게 추론하는 것과 보복적 처벌을 지지하는 것 간의 관계에 대해서는 다음 논문을 보라. 'Beyond Point-and-Shoot Morality' pp. 705-6. 그린은 다음 연구를 인용하고 있다. Michael J. Sargent, 'Less Thought, More Punishment: Need for Cognition Predicts Support for Punitive Responses to Crime,' *Personality and Social Psychology Bulletin*, 30(2004), pp. 1485-93.

넓은 반성적 평형에 대해서는 노먼 대니얼스의 다음 책을 보라. Norman Daniels, *Justice and Justification*, Cambridge University Press, Cambridge, 1996. 결과를 더 좋게 만드는 것은 모든 사람에게 도덕적 의의를 가진다는 그린의 논평은 'Beyond Point-and-Shoot Morality.' 724쪽에 실려 있다.

결과주의에 대한 그린의 논거를 뒷받침하기 위해서 우리가 사용하는 논증은 카타르지나 드 라자리-라덱과 피터 싱어의 다른 책 6장에 보다 상세하게 진술되어 있다. Katarzyna de Lazari-Radek and Peter Singer, *The Point of View of the Universe: Sidgwick and Contemporary Ethics*, Oxford University Press, Oxford, 2014. 우리는 다음 논문에서 비판자들에 응답하였다. 'Doing our Best for Hedonistic Utilitarianism: Reply to Critics,' *Etica Politica/*

Ethics Politics, 18(2016), pp. 187-207.

3장: 우리는 무엇을 극대화해야 하는가?

고전적 견해
아리스토텔레스의 쾌락에 관한 견해는 『니코마코스 윤리학(*Nicomachean Ethics*)』 1172b26-7을 보라. 플라톤의 쾌락에 관한 견해는 『고르기아스(*Gorgias*)』 495d-e와 500d를 보라. 에피쿠로스적 사상은 돼지에게나 어울린다는 고대의 비판은 다음 논문에서 논의되고 있다. David Konstan, 'Epicurean Happiness: A Pig's Life,' *Journal of Ancient Philosophy*, 6(2012). 온라인판은 다음에서 이용할 수 있다. 〈http://www.revistas.usp.br/filosofiaantiga/article/download/43309/46932〉.

로저 크리스프는 다음 논문에서 하이든의 삶과 불멸의 굴의 삶을 비교하고 있다. Roger Crisp, 'Hedonism Reconsidered,' *Philosophy and Phenomenological Research*, 73(2006), pp. 619-45. 만족한 돼지보다 불만족한 인간의 삶이 더 낫다는 밀의 주장은 그의 『공리주의』 2장에 실려 있다.

경험 기계
노직의 경험 기계에 관한 논의는 다음 책에 실려 있다. R. Nozick, *Anarchy, State and Utopia*, Basic Books, New York, 1974, p. 43.

선호 공리주의
피터 싱어의 선호 공리주의에 대한 이전의 지지는 그의 다음 책을 보라. Peter Singer, *Practical Ethics*, 3rd ed., Cambridge University

Press, Cambridge, 2011, p. 14.

이타적인 마약 공급자에 대한 파핏의 예는 그의 다음 책에서 인용한 것이다. Derek Parfit, *Reasons and Persons*, Clarendon Press, Oxford, 1984, p. 497. 그의 기차에서 만난 이방인 사례는 같은 책의 151쪽에 있다.

선호 공리주의자가 충분한 정보에 근거한 욕구로의 변화 대신에 근본적인 욕구를 고려할 수 있다는 제안은 Richard Yetter Chappell 덕분이다.

잔디의 수를 세고자 하는 욕구를 지닌 사람에 관한 롤스의 예는 『정의론』 379쪽에서 인용한 것이다. 불합리한 욕구에 관한 하사니의 인용문은 다음에서 인용한 것이다. John Harsanyi, 'Morality and the Theory of Rational Behaviour,' in A. Sen and B. Williams, eds, *Utilitarianism and Beyond*, Cambridge University Press, Cambridge, 1982, p. 55. 선호 공리주의가 합당한 선호만을 고려한다면 선호 공리주의는 다른 이론이 되고 만다는 셸리 케건의 주장은 다음 책에서 인용한 것이다. Shelly Kagan, *Normative Ethics*, Westview, Boulder, Col., 1998, p. 39. Yew-Kwang Ng도 하사니에 반대하는 상세한 논증을 다음 논문에서 전개하였다. Yew-Kwang Ng, 'Utility, Informed Preference, or Happiness: Following Harsanyi's Argument to its Logical Conclusion,' *Social Choice and Welfare*, 16(1999), pp. 197-216.

다원주의적 결과주의

파핏은 '어떤 사람의 삶을 최선으로 만드는 것은 무엇인가'라는 제목을 지닌, 『이성과 인격(*Reasons and Persons*)』의 부록에서 어떤 사람의 삶을 최선으로 만드는 것에 관한 이론들을 쾌락주의 이론,

욕구 충족 이론, 객관적 목록 이론의 세 가지 범주로 구분한다. 이 가운데 객관적 목록 이론은 '우리가 좋은 것을 갖고자 하고 나쁜 것을 피하고자 하건 그렇지 않건 간에 그와 무관하게 어떤 것들은 우리에게 좋거나 나쁠 수 있다'고 주장한다. 이와 같은 이론을 지지하는 사람들과 쾌락이나 행복 외에도 본래적 가치들이 존재한다고 주장하는 사람들은 우리의 전문 용어로 다원주의적 결과주의자들이다. 그들은 본래적 가치를 가지는 것들을, 비록 그것들이 우리의 행복이나 쾌락에 공헌하지 않거나 또는 우리의 욕구를 충족시키지 않는다고 해도, 우리의 행복한 삶(복지)의 일부로서 간주한다.

밀이 자유의 본래적 가치를 지지한 것으로 해석한 논문은 다음과 같다. Prasanta Pattanaik and Yongsheng Xu, 'Freedom and its Value,' in Iwao Hirose and Jonas Olson, eds, *The Oxford Handbook of Value Theory*, Oxford University Press, Oxford, 2015.

철학자들이 본래적 가치를 가진다고 주장하는 선의 목록은 다음에서 가져온 것이다. William Frankena, *Ethics*, 2nd edn, Prentice-Hall, Englewood Cliffs, NJ, 1973, pp. 87-8, 다음의 사이트에서 이용 가능하다. ⟨http://www.ditext.com/frankena/ethics.html⟩; John Finnis, *Natural Law and Natural Rights*, 2nd edn, Oxford University Press, Oxford, 1982; and Timothy Chappell, *Understanding Human Goods*, Edinburgh University Press, Edinburgh, 1998, ch. 4.

유정적 존재와 무관한 가치

무어의 변화된 견해는 다음을 보라. G. E. Moore, *Principia Ethica*, Cambridge University Press, Cambridge, 1903, pp. 135-6. 그리고

Ethics, Williams & Norgate, London, 1912, pp. 103-4, 148, 153.

본래적 가치: 지금까지의 논의

당신이 선택한 복권 번호에 대한 선호는 다음 논문에서 인용한 것이다. Ellen Langer, 'The Illusion of Control,' *Journal of Personality and Social Psychology*, 32(1975), pp. 311-28. 자기가 운전할 때 사고가 날 확률이 줄어든다는 믿음에 관해서는 다음 논문을 보라. Frank McKenna, 'It Won't Happen to Me: Unrealistic Optimism or Illusion of Control,' *British Journal of Psychology*, 84(1993), pp. 39-50. 레프코트의 인용문은 그의 다음 논문에서 인용한 것이다. Hebert Lefcourt, 'The Functions of the Illusions of Control and Freedom,' *American Psychologist*, 28(1973), p. 424.

사람들은 자신들이 살고 있는 삶이 실제이건 환상이건 그 삶에서 떠나려고 하지 않는다는 것을 보여 주는 실험은 다음을 보라. F. De Brigard, 'If you Like it, Does it Matter if it's Real?,' *Philosophical Psychology*, 23(2010), pp. 43-57.

쾌락이란 무엇인가?

로저 크리스프는 자신의 다음 논문과 책에서 '느낌 색조론'을 옹호한다. Roger Crisp, 'Hedonism Reconsidered,' *Philosophy and Phenomenological Research*, 73(2006), pp. 619-45. 그리고 *Reason and the Good*, Clarendon Press, Oxford, 2006, pp. 103-11. 뇌 안에 또는 쥐에게 전극을 이식한 실험에 관해서는 다음 논문을 보라. J. Olds and P. Milner, 'Positive Reinforcement Produced by Electrical Stimulation of Septal Area and Other Regions of Rat Brain,' *Journal of Comparative and Physiological Psychology*,

47(1954), pp. 419-27. 쾌락이 '즐거움의 색조'라는 견해는 다음을 보라. Morten Kringelbach and Kent Berridge, eds, *Pleasures of the Brain*, Oxford University Press, Oxford, 2009, p. 9.
행복이 좋은 기분 등에 관한 성향이라는 견해는 다음을 보라. Daniel Haybron, *The Pursuit of Unhappiness*, Oxford University Press, Oxford, 2008. 행복에 대한 다른 관점은 다음을 보라. Fred Feldman, *What is This Thing Called Happiness*, Oxford University Press, Oxford, 2012.

4장: 반론

공리주의에 대한 비판적 논의는 다음을 보라. J. J. C. Smart and Bernard Williams, *Utilitarianism For & Against*, Cambridge University Press, Cambridge, 1973; Amartya Sen and Bernard Williams, eds, *Utilitarianism and Beyond*, Cambridge University Press, Cambridge, 1982; Samuel Scheffler, ed., *Consequentialism and its Critics*, Oxford University Press, Oxford, 1988; and Samuel Scheffler, *The Rejection of Consequentialism*, Clarendon Press, Oxford, 1994.

공리주의는 우리에게 비도덕적 행위를 하라고 말하는가?
이반의 도전은 다음에서 인용한 것이다. Fyodor Dostoevsky, *The Brothers Karamazov*, trans. Ignat Avsey, Oxford University Press, Oxford, 1994, pt 2, bk 5, ch. 4. 보안관과 사적인 형벌을 가하는 군중의 사례는 맥클로스키의 다음 논문에서 인용한 것이다. H. J. McCloskey, 'An Examination of Restricted Utilitarianism,'

Philosophical Review, 66(1957), pp. 466-85; 재수록, Michael D. Bayles, ed., *Contemporary Utilitarianism*, Peter Smith, Gloucester, Mass., 1978. 이 책에서 그 예는 121쪽에 있다. 엘리자베스 앤스콤의 인용문은 그녀의 다음 논문에서 인용한 것이다. Elizabeth Anscombe, 'Modern Moral Philosophy,' *Philosophy*, 33(1958), p. 17.

공리의 측정

에지워스는 그의 공리 측정 방법을 다음 책에서 제안한다. F. Y. Edgeworth, *Mathematical Psychics: An Essay on the Application of Mathematics to the Moral Sciences*, C. Kegan Paul, London, 1881, appendix III, 'On Hedonimetry,' pp. 98-102.

건강의 이득을 측정하는 방법으로서 '삶의 질을 고려한 수명 연한(QALYs)'에 대한 개관은 다음을 보라. Milton C. Weinstein, George Torrance, and Alistair McGuire, 'QALYs: The Basics,' *Value in Health*, 12(2009), Supplement 1, pp. S5-S9. 이런 접근의 윤리학에 관한 더 상세한 논의는 다음을 보라. John McKie, Jeff Richardson, Peter Singer, and Helga Kuhse, *The Allocation of Health Care Resources: An Ethical Evaluation of the 'QALY' Approach*, Ashgate, Aldershot, 1998. 국립보건임상연구원의 연구에 대해서는 다음을 보라. ⟨http://www.nice.org.uk⟩

쾌락과 행복에 관련된 뇌 과학의 사정에 관한 개관은 다음을 보라. Moren Kringelbach and Kent Berridge, 'The Neuroscience of Happiness and Pleasure,' *Social Research*, 77(2010), pp. 659-78.

벤담이 정확한 측정을 기대하지 않았다는 글은 다음에서 인용하였다. Jeremy Bentham, *Introduction to the Principles of Morals and*

Legislation, ch. 4, para. 15.

공리주의는 너무 과도한 요구를 하는가?
'우리는 무엇을 해야 하는가?'라는 물음과 '우리는 행위를 한 사람을 칭찬하거나 비난해야 하는가?'라는 물음이 다른 물음이라는 통찰은 시지윅의 『윤리학의 방법』에서 가져온 것이다. Henry Sidgwick, *The Methods of Ethics*, p. 493. 노어크로스는 자신의 다음 논문에서 정도 공리주의를 주장한다. Alastair Norcross, 'The Scalar Approach to Utilitarianism,' in H. West, ed., *Blackwell Guide to Mill's Utilitarianism*, Blackwell, Oxford, 2006, pp. 217-32. 과도한 요구에 관한 보다 일반적인 논의는 다음을 보라. de Lazari-Radek and Singer, *The Point of View of the Universe*, pp. 317-36.

공리주의는 우리의 특별한 의무를 무시하는가?
자신의 어머니보다 페넬롱 대주교를 구하겠다는 내용의 윌리엄 고드윈의 글은 다음에서 인용하였다. William Godwin, *An Enquiry Concerning Political Justice and its Influence on General Virtue and Happiness*, Knopf, New York, 1926(초판 1793), pp. 41-2. 고드윈은 다음의 책에서 편파적 관계에 대해서 더 공감적인 견해를 제시한다. *Memoirs of the Author of a Vindication of the Rights of Woman*, ch. vi, p. 90, 2판, as quoted in William Godwin, *Thoughts Occasioned by the Perusal of Dr Parr's Spital Sermon*, Taylor and Wilks, London, 1801; 재수록, J. Marken and B. Pollin, eds, *Uncollected Writings (1785-1822) by William Godwin*, Scholars' Facsimiles and Reprints, Gainesville, Fla., 1968, pp.

314-15.

'비난할 수 없는 그른 행위'에 관한 파핏의 논의는 다음에 실려 있다. Derek Parfit, *Reasons and Persons*, ch. 1, sect. 14.

폴 파머에 관한 우리의 설명은 다음에서 인용한 것이다. Tracy Kidder, *Mountains Beyond Mountains*, Random House, New York, 2003.

'인격의 개별성' 무시

이 반론에 대한 표준적인 언급은 존 롤스의 『정의론』에 실려 있다. John Rawls, *A Theory of Justice*, pp. 20-4. 그러나 이 점을 최초로 지적한 것은 롤스가 아니었다. 그 영광은 데이비드 고티에에게 돌려야 마땅한 것처럼 보인다. David Gauthier, *Practical Reasoning*, Clarendon Press, Oxford, 1963, pp. 123-7.

개인의 개별성 반론을 개인을 단순한 수용체로 보는 생각에 반대하는 것으로 해석하는 것은 리처드 예터 채펠에게서 기인한다. Richard Yetter Chappell, 'Value Receptacles,' *Noûs*, 49(2015), pp. 322-32.

사람을 수단으로 이용하는 것에 반대하는 칸트의 논변에 대한 비판적 탐구는 다음을 보라. Derek Parfit, *On What Matters*, vol. 1, ch. 9. 이 장에서 파핏은 누군가를 수단으로 이용하는 것이 정당화되는 다양한 예들을 제시한다. 우리가 사용한 예는 222쪽에 실려 있는 그의 세 번째 지진의 사례에 가장 가까운 것이다.

공리의 분배

약자 우선주의에 대한 표준적 언급은 파핏의 다음 책에 실려 있다. Derek Parfit, *Equality or Priority?* (The Lindley Lecture, 1991),

University of Kansas, Lawrence, Kan., 1991. 더 간략한 언급은 다음에 실려 있다. 'Equality and Priority,' *Ratio*, 10(1997), pp. 202-21. 다른 논의들은 다음에 포함되어 있다. Richard Arneson, 'Luck Egalitarianism and Prioritarianism,' *Ethics*, 110(2000), pp. 339-49; Roger Crisp, 'Equality, Priority and Compassion,' *Ethics*, 113(2003), pp. 745-63; Larry Temkin, 'Equality, Priority, or What?,' *Economics and Philosophy*, 19(2003), pp. 61-87; Toby Ord, 'A New Counterexample to Prioritarianism,' *Utilitas*, 27(2015), pp. 298-302.

규범적 불확실성에 관해서는 다음을 보라. William MacAskill, Krister Bykvist, and Toby Ord, *Moral Uncertainty*, Oxford University Press, Oxford(출간 예정).

5장: 규칙

두 종류의 공리주의

'압도적 다수' 기준은 브래드 후커의 다음 책에서 가져온 것이다. Brad Hooker, *Ideal Code, Real World*, Clarendon Press, Oxford, 2000, p. 80. 규칙 공리주의를 지지하는 영향력 있는 초기 논문은 리처드 브란트의 다음 논문이다. Richard Brandt, 'Toward a Credible Form of Utilitarianism,' in H.-N. Castañeda and G. Nakhnikian, eds, *Morality and the Language of Conduct*, Wayne State University Press, Detroit, 1963, pp. 107-43. 또 다른 영향력 있는 논문은 밀이 규칙 공리주의자였다는 엄슨의 논증이다. J. O. Urmson, 'The Interpretation of the Moral Philosophy of J. S. Mill,' *Philosophical Quarterly*, 10(1953), pp. 33-9. 규칙 공리주의

에 대한 스마트의 규칙 숭배 반론은 다음의 논문에 실려 있다. J. J. C. Smart, 'Extreme and Restricted Utilitarianism,' *Philosophical Quarterly*, 6(1956), pp. 344-54, at pp. 348-9. 일부 형식의 규칙 공리주의가 행위 공리주의로 환원된다는 반론은 데이비드 라이언즈의 다음 책에 실려 있다. David Lyons, *Forms and Limits of Utilitarianism*, Oxford University Press, Oxford, 1965.

시한폭탄

소설 속의 시한폭탄 시나리오는 다음을 보라. 'Ticking time bomb scenario,' ⟨https://en.wikipedia.org/wiki/Ticking_time_bomb_scenario⟩. 유엔 고문 방지 협약은 다음 사이트에서 이용 가능하다. ⟨http://www.un.org/documents/ga/res/39/a39r046.htm⟩.

비밀 도덕

시지윅의 비밀 도덕에 관한 논의는 다음에 실려 있다. Henry Sidgwick, *The Methods of Ethics*, pp. 489-90. 비밀 도덕에 대한 버나드 윌리엄스의 비판은 그의 다음 책에 실려 있다. Bernard Williams, *Ethics and the Limits of Philosophy*, Fontana, London, 1985, p. 108.

공리주의는 자기 부정적인가?

어떤 이론이 자기 부정적인가 아닌가에 대한 구별은 파핏이 그의 책에서 한 것이다. Derek Parfit, *Reasons and Persons*, ch. 1, sect. 17. 공리의 원리가 위험한 원리라는 주장에 대한 벤담의 응답은 그의 *Introduction to the Principles of Morals and Legislation*, 1장, 13단락의 각주에서 인용한 것이다. 또한 이 부분과 관련된 논의는 다음 논문을 보라. Richard Yetter Chappell, 'What's wrong with self-effacing theories?,' *Philosophy, et cetera*, 16 November 2008, ⟨http://www.philosophyetc.net/2008/11/whats-wrong-with-self-effacing-theories.html⟩

6장: 공리주의의 실천

공리주의의 적용
공리주의는 더 이상 대담한 이론이 아니라는 스튜어트 햄프셔의 주장은 1972년에 케임브리지 대학교에서 열린 레슬리 스티븐 기념 강좌에서 발표한 「도덕과 비관주의(Morality and Pessimism)」에서 나온 것이다. 'Morality and Pessimism'은 다음의 책에 재수록되어 있다. Stuart Hampshire, *Public and Private Morality*, Cambridge University Press, Cambridge, 1978. 우리는 그 인용문을 다음에서 가져왔다. Robert Goodin, *Utilitarianism as a Public Philosophy*, Cambridge University Press, Cambridge, 1995, p. 3.

삶을 끝내는 결정
카터 대 캐나다 사건에 대한 린 스미스 판사의 결정문 전문은 다음에서 볼 수 있다. ⟨https://bccla.org/wp-content/uploads/2012/06/Carter-v-Canada-AG-2012-BCSC-886.pdf.⟩

조슬린 다우니는 다음에서 캐나다 대법원의 결정을 간략히 설명한다. ⟨https://impactethics.ca/2015/02/11/in-a-nutshell-the-supreme-court-of-canada-decision-in-carter-v-canada-attorney-general/⟩

삶을 끝내는 결정에 대한 공리주의적 접근은 다음을 보라. Peter

Singer, *Rethinking Life and Death*, Oxford University Press, Oxford, 1995.

윤리학과 동물

공장식 축산과 동물실험을 비롯한 동물의 윤리학에 대한 공리주의적 접근은 다음을 보라. Peter Singer, *Animal Liberation*, Harper Perennial, New York, 2002(초판 1975). '중요한 물음은 동물이 고통을 느낄 수 있는가?'라고 주장하는 벤담의 유명한 각주는 다음에 있다. Jeremy Bentham, *Introduction to the Principles of Morals and Legislation*, ch. 17, sect. 1. 쾌락과 고통 및 기타의 다른 많은 것들을 경험하는 물고기를 포함한 동물의 능력에 관해서는 다음을 보라. Jonathan Balcombe, *Second Nature*, St Martin's Griffin, New York, 2011. 그리고 같은 저자의 *What a Fish Knows*, Scientific American/Farrar, Straus and Giroux, New York, 2016. 무척추 동물의 지능과 의식에 대한 증거를 논의하는 책으로는 다음을 보라. Peter Godfrey-Smith, *Other Minds: The Octopus, the Sea and the Deep Origins of Consciousness*, Farrar, Straus and Giroux, New York, 2016. 밀이 공리주의의 타당성이 동물의 고통에 대한 관심의 문제에 달려 있다는 것을 보여 주는 논의는 다음을 보라. J. S. Mill, 'Whewell on Moral Philosophy,' 초판 1852, 재수록, *J. S. Mill, Collected Works*, vol. 10, University of Toronto Press and Routledge & Kegan Paul, Toronto and London, 1985.

동물을 죽이는 것에 대한 벤담의 옹호는 다음에서 인용하였다. Jeremy Bentham, *Introduction to the Principles of Morals and Legislation*, ch. 17, sect. 1. 현대에도 지속되는 이 논쟁에 관해서는 다음을 보라. Peter Singer and Jim Mason, *The Ethics of What We*

Eat, Rodale, New York, 2006, pp. 249ff.; Peter Singer, *Practical Ethics*, ch. 5; Tatjana Višak, *Killing Happy Animals*, Palgrave Macmillan, London, 2013; and Tatjana Višak and Robert Garner, eds, *The Ethics of Killing Animals*, Oxford University Press, Oxford, 2016.

효과적 이타주의

벤담은 공적 비용으로 빈자를 구제하는 것에 찬성하는 논증을 *Principles of the Civil Code*와 *Writings on the Poor Laws*에서 제시하였다. 가난한 사람들의 필요가 부유한 사람들의 사치품에 대한 권리를 능가한다는 벤담의 가장 분명한 진술은 다음에 실려 있다. *Principles of the Civil Code*, in John Bowring, ed., *The Works of Jeremy Bentham*, William Tait, Edinburgh, 1843, vol. 1, Liberty Fund에 의해 재출간, 〈http://oll.libertyfund.org/titles/bentham-the-works-of-jeremy-bentham-vol-1〉; 특히 314쪽을 보라. 우리는 이 언급을 마이클 퀸의 다음 글에서 가져왔다. Michael Quinn, 'Mill on Population, Poverty and Poor Relief: Out of Bentham by Malthus?,' *Revue d'études benthamiennes*, 4(2008), 다음의 사이트에서 온라인으로 이용 가능하다. 〈http://etudes-benthamiennes.revues.org/185#ftn48〉.

극빈자의 숫자 감소에 관해서는 다음을 보라. World Bank, 'Poverty Overview,' 〈heep://www.worldbank.org/en/topic/poverty/overview〉. 아동 사망률에 관해서는 다음을 보라. the reports of UNICEF, 〈http://www.unicef.org/reports〉.

싱어의 논문 「기아, 풍요, 그리고 도덕」과 다른 관련 논문들은 다음을 보라. Peter Singer, *Famine, Affluence and Morality*, Oxford

University Press, Oxford, 2016. 전 지구적 빈곤과 관련된 부유한 사람들의 책무에 대한 더 상세한 논의는 다음을 보라. Peter Singer, *The Life You Can Save*, Random House, New York, 2009. 닉 보스트롬은 실존적 위험의 중요성에 대해서 다음에서 논의한다. Nick Bostrom, 'Existential Risk Management as Global Priority,' *Global Policy*, 4(2013), pp. 15-31.

효과적 이타주의의 핵심 저작들에는 다음과 같은 것들이 포함된다. Will MacAskill, *Doing Good Better*, Gotham, New York, 2015; Peter Singer, *The Most Good You Can Do*, Yale University Press, New Haven, 2015'; Ryan Carey, ed., *The Effective Altruism Handbook*, Centre for Effective Altruism, 2015. 다음에서 온라인으로 이용 가능하다. 〈http://www.careyryan.com/files/EA_Handbook.pdf〉.

효과적 이타주의자들의 다수가 공리주의자라는 것을 보여 주는 설문 조사는 다음과 같다. 'The 2015 Survey of Effective Altruists: Results and Analysis,' posted by Chris Cundy for the Effective Altruism Forum's impact team. 다음에서 이용 가능하다. 〈http://effective-altruism.com/ea/zw/the_2015_survey_of_effective_altruists_results/〉.

토비 오드는 곤경에 처한 사람들을 돕는 상이한 접근들이 실현하는 가치의 현저한 차이를 제시하고 있다. Toby Ord, 'The moral imperative towards cost-effectiveness in global health,' Centre for Global Development, Washington, DC, 2013. 다음에서 이용 가능하다. 〈www.cgdev.org/content/publications/detail/1427016〉.

인구 문제

시지윅은 평균론과 전체론 사이의 선택 문제를 다음에서 제기하였다. Henry Sidgwick, *The Methods of Ethics*, pp. 414-16. 그 문제에 대한 가장 영향력 있는 설명은 다음에 실려 있다. Drek Parfit, *Reasons and Persons*, part Ⅳ. 유용한 최근의 논의는 다음과 같다. Gustaf Arrhenius, Jesper Ryberg, and Torbjörn Tännsjö, 'The Repugnant Conclusion,' in *The Stanford Encyclopedia of Philosophy*, 다음에서 이용 가능하다. ⟨www.plato.stanford.edu/archives/spr2014/entries/repugnant-conclusion⟩.

국민 총 행복

세계 행복 보고서는 다음에서 이용 가능하다. ⟨http://world happiness.report⟩. OECD가 제시한 주관적 복지 측정 지침은 다음과 같다. *OECD Guidelines on Measuring Subjective Well-being*, OECD Publishing, 2013, ⟨http://dx.doi.org/10.1787/9789264191655-en⟩.

옮긴이의 말

이 책은 피터 싱어와 카타르지나 드 라자리-라덱이 공동으로 저술한 *Utilitarianism: A Very Short Introduction* (OUP, 2017)을 번역한 것이다. 피터 싱어는 현대 윤리학의 논의를 선도하고 있는 대표적인 공리주의 철학자이다. 그의 학문적 업적과 윤리적 영향력은 이론 윤리학 분야를 넘어서 실천윤리학의 분야에서 더욱 두드러진다. 그는 공리주의 이론을 동물에 대한 처우, 기아와 빈곤, 생명-의료 윤리, 기후 문제 등의 다양한 실천윤리학 분야에 적용하여 전 지구적 규모에서 실질적인 윤리적 변화를 이끌고 있다. 그는 동물 해방과 윤리적 채식주의, 효율적 이타주의와 해외 원조, 안락사와 낙태 찬성 운동 등을 선도하면서 불합리한 관습 도덕을 공리주의적으로 개혁하는 데 헌신하고 있다. 현실의 도덕적 개혁에 앞장섰던 벤담과 밀의 철학적 급진주의의 현대적 계승자의 면모라고 할 수 있다. 이런 영향을 인정하여 2005년 『타임』지는 그를 세계에서 가장 영향력 있는 100인의 명단에 포함시킨 바 있다.

이 책의 공동 저자인 카타르지나 드 라자리-라덱은 폴란드의 공리주의 철학자로서 헨리 시지윅의 공리주의, 생명 윤리학, 아동 철학, 행복, 쾌락 등에 관해서 연구하고 있다. 그녀는 피터 싱어와 함께 『우주의 관점: 시지윅과 현대 윤리학(The Point of View of Universe: Sidgwick and Contemporary Ethics)』 (OUP, 2014)을 공동 저술하면서 "철학적 공리주의의 떠오르는 스타"가 되었다.

이 책은 '매우 간략한 입문서(Very Short Introduction)'라는 시리즈 제목이 암시하고 있는 바와 같이 매우 적은 분량의 소책자이다. 그러나 고전적 공리주의자들의 견해를 계승하고 있음을 자인하고 있는 저자들은 이 간략한 입문서에서 공리주의의 기원부터 신경과학의 최신 연구 성과에 기초한 논증을 아우르면서 공리주의의 주요 인물들과 핵심 논증을 소개하고, 공리주의의 본질, 종류, 정당화에 대해서 다루고 있다. 뿐만 아니라 이 책은 전 지구적 빈곤, 종차별주의, 기후변화, 인류 멸종의 위험, 말기 환자의 죽음 결정 등과 같은 현대의 도덕적 쟁점에 대해서도 공리주의적 입장에서 해법을 제시하고 있다. 옥스퍼드 대학교의 White's Professor인 제프 맥머핸(Jeff McMahan)의 평가대로 "이 책은 극히 명료하다. 논의는 권위가 있으며, 공감적이면서도 무비판적이지 않고, 매우 포괄적이다. 한마디로 이상적이다."

주지하는 바와 같이 공리주의는 19세기 이래로 오늘날까지 가장 영향력 있는 윤리 이론으로서 논쟁의 중심에 서 있다. 공리주의는 여성 평등, 동물 해방 등의 많은 도덕적 개혁을 이끌어 왔다. 독자들은 이 책을 통해서 철학적 급진주의 윤리 이론으로서 공리주의의 진보적이고 개혁적인 면모를 접할 수 있을 것이다. 그러나 공리주의의 개혁성과 진보성은 불가피하게 전통적인 도덕적 견해와의 충돌을 야기하였고, 이는 공리주의에 대한 만만치 않은 반대를 낳았다. 공리주의는 고문과 같은 비도덕적 행위를 정당화하고, 개인의 개별성을 무시하며, 너무 과도한 요구를 하고, 우리의 특수한 인간관계에서 기인하는 책무를 무시한다는 도덕적 반론들과, 공리주의가 극대화해야 할 가치가 무엇인지에 관해서 혼란이 있고, 그런 가치에 기초한 공리의 계산이 어려울 뿐만 아니라 공리의 개인 간 비교가 불가능하다는 이론적인 반론들이 그러한 반대의 핵심 논거들이다. 이 책의 저자들은 이러한 반론들에 관해서도 일일이 명료한 형태로 답하고 있다. 공리주의에 대한 반론과 함께 그에 대한 공리주의의 응답을 들을 수 있는 것도 이 책의 또 다른 장점 가운데 하나이다. 독자들은 공리주의에 대한 찬·반 양론을 함께 접하면서 어느 편의 논증이 더 설득력 있는지에 대해 숙고하고 판정하는 기회를 가지게 될 것이다.

공리주의는 지난 두 세기 동안 그랬던 것처럼 금세기에도 도덕적 개혁의 중요한 동력을 제공하고 있다. 공리주의는 현대의 도덕적 도전에 대해 새로운 사고를 추동하는 힘을 지니고 있다. 이런 점에서 공리주의의 중요성은 앞으로도 지속될 것이다. 그러나 우리 사회에는 맹자가 묵자의 공리주의를 비판한 이래로 오늘날까지 이어지는 공리주의에 대한 뿌리 깊은 오해와 편견이 자리하고 있는 듯하다. 그것은 공리주의가 이익만을 탐하고 쾌락만을 추구한다는 오해와 편견이다. 이런 오해는 공리주의와 이기주의의 차이를 모호하게 만들고 공리주의를 향락주의로 매도하는 분위기를 초래한다. 또한 이런 분위기는 공리주의에 대한 관심과 성찰을 애초부터 방해하는 결과를 낳을 수 있다. 공리주의가 관련 당사자들의 이익, 복지와 행복, 쾌락과 고통에 관심을 가지는 것은 사실이나, 이것은 공리주의의 장점일 수는 있어도 결코 결함은 아닐 것이다. 어떤 윤리 이론이 관련 당사자들의 행복이나 복지 또는 쾌락과 고통에 무관심하다면 그런 윤리 이론은 무목적성으로 인해 공허하거나 아니면 규범을 위해 당사자들의 희생을 강요하는 인간 소외를 초래할 가능성이 크다. 벤담의 말처럼 도덕이 인간을 위해서 존재하는 것이지 인간이 도덕을 위해서 존재하는 것은 아니다. 공리주의는 관련된 당사자들의 행복 또는 쾌락의 극대화를 추구하는 이론이지 향락주의가 아니며, 관련 당사자들에 대한 공평한 고려를 주장하는 점에서 이기주의는 더더욱 아니다. 모쪼록 졸역이나마 이 작은 책자가 공리주의에 덧씌워진 이러한 오해와 편견을 다소나마 완화하는 계기가 되기를 바라며, 아울러 가장 합리적이면서도 가장 논쟁적인 윤리 이론인 공리주의에 관해서 숙고할 수 있는 계기가 되길 바란다.

끝으로 이 책의 초역 원고를 함께 읽고 토론하면서 더 좋은 번역을 위해서 노력해 준 한국교원대학교 윤리교육과 대학원 윤리학 스터디 멤버들에게 고마움을 전한다.

찾아보기

가치 40, 48, 66, 84, 104-5, 106, 107, 132, 147, 148, 195
개스켈, 엘리자베스 11
객관적 선 99, 100
결과주의 16, 40, 79-80, 83
경험 기계 87-9, 91-3, 100, 103, 109-13
고드윈, 윌리엄 23, 142-3
고문 162-4
고통/괴로움 10, 12, 21, 32, 46, 60, 84, 90, 108-9, 122, 128, 133-4, 146-9, 173-6, 179, 180, 190, 191, 199
공리의 분배 150-6
공리의 측정 128-35
공리주의의 과도한 요구 135-41
공리주의의 자기 부정 167-72
공장식 축산 185-6

국민 총 행복 200-3
궁극적 선 36, 103
규칙 13, 20, 35, 43, 53-4, 61, 135-6, 157-72, 178
규칙 공리주의 121, 158-62
그린, 조슈아 66-81, 131
근친상간 75-6
기독교 11, 66, 77, 84

노어크로스, 알래스테어 140
노직, 로버트 87-9, 92
니체, 프리드리히 11, 84

다원주의적 결과주의 86, 100-6, 107, 110, 153
데카르트 41
도구적 가치 84, 102, 109
도덕 판단 41, 51, 54, 60, 62, 63,

64, 74, 75, 78, 79, 91, 120
도둑질 157, 160-1, 168, 170
도스토예프스키, 표도르 11, 119
동기 46, 78, 116, 144
동물의 죽임 188-9
동물 실험 187-8
동물의 고통/괴로움 182-9, 194
동물(의) 권리 10, 187
동물 처우의 윤리 10, 60, 108-9, 182-9, 196
동성애 11, 15, 27, 76
돼지의 철학 85
디킨스, 찰스 11

롤스, 존 36, 41, 54, 58-9, 78, 146

마르크스, 카를 11
매캐스킬, 윌 15, 192
맥클로스키, H. J. 124
메타 윤리학 40
무어, G. E. 40, 48, 107-8
묵자 20-1
밀, 제임스 24, 28-9
밀, 존 스튜어트 10, 11, 24, 28-34, 35, 36, 46-51, 65, 83, 85-6, 88, 102, 140, 183-4

박애 52, 56-7, 61, 66, 80-1
박애의 원리 56-7, 80-1
반성적 평형 41, 54, 78, 79
밸푸어, 엘리너 39
베카리아, 체사레 22
벤담, 제레미 10, 11, 22, 23-8, 29, 33, 39, 41-6, 50, 65, 83, 86, 132, 134, 142, 168, 183, 185, 188-9, 190, 203
벤담의 성도덕 27
보안관과 사적 형벌을 가하려는 군중 사례 124-5, 126, 158
복지 13, 19, 100-3, 105, 106, 132, 143, 152, 157, 174-6, 201, 203
본래적 가치 83-4, 86, 88-9, 100-6, 108, 109-14, 118, 141, 151-3
본래적 선 40, 84, 86, 100, 103
부처 21
비밀 도덕 165-7, 171

상식 도덕 36, 52-4, 106
샤프츠베리 경 22
선(좋은) 48-9, 51-6, 84, 86, 99, 100, 103, 106, 118, 137, 147, 160, 170, 175, 188, 192, 193,

194
선호 공리주의 64, 89-99, 100, 109
성도덕 75
세계 행복 보고서 197, 198, 200
셸번 백작 24
소크라테스 85, 88
스마트, J. J. C. 36, 43, 59-61, 62, 63, 64, 66, 158-9
시지윅, 헨리 34-40, 48, 51-7, 62, 63, 80-1, 83, 106, 146, 154, 165-7, 171, 196-7
시한폭탄 사례 162-4

아리스토텔레스 36, 47, 84
안락사 177-82
에지워스, F. Y. 129-30
에피쿠로스 21, 84
엘베시우스, 클로드 아드리앙 22
앤스콤, 엘리자베스 127, 159, 160
여성의 권리 11, 33
여성(의) 평등 33, 34
오드, 토비 191-2, 193, 194
위고, 빅토르 157
윌리엄스, 버나드 11, 166
의사와 장기이식 사례 125, 126
이기주의 22, 35, 38, 50, 51, 56,

146
이타주의 효과적 이타주의, 박애를 보라.
이상 공리주의 40, 100
인격의 개별성 반론 146-9
인구 189, 196-200

자유 32, 58, 102
정도 공리주의 140
정의 43, 50, 52, 55, 100, 103, 106
정의의 원리 55, 62-3
죽을 권리 179-82
직관 71, 77-81, 104-8, 127-8, 154, 179, 200
직관주의 35, 47, 52
직관주의자 52-3

총 행복 151, 201
칭찬과 비난 139-41, 170

카너먼, 대니얼 130-1, 132
카라마조프가의 형제들 119, 121
카라마조프가의 형제들의 철학적으로 개선된 논변 121-4
칸트, 임마누엘 35, 77, 149
컴벌랜드, 리처드 22
쾌락 21, 32, 33, 40, 46, 48, 56,

64, 84-9, 90, 102, 103, 112, 114-8, 128, 129, 130, 133, 134, 147, 179, 183-4, 199
쾌락주의적 공리주의 32, 56, 64, 83-7, 98, 100
쾌락의 측정 128-9
쾌락주의 85-6, 88-9, 109, 110
크리스프, 로저 85, 115

테일러, 글로리아 177-82
테일러, 해리엇 30, 33
트롤리 문제 67-74
파레토, 빌프레도 59
파머, 폴 144-5
파핏, 데릭 16-7, 36, 92-3, 144, 148, 153, 199-200
페일리, 윌리엄 23
평균 행복 197, 198
푸트, 필리파 12
프리스틀리, 조셉 22-3

플라톤 36, 84

하사니, 존 57-9, 66, 99
햄프셔, 스튜어트 173
행복 10, 13, 22-4, 48-50, 56, 61, 64, 84, 92, 96, 100-3, 114, 117-8, 128-9, 141, 147-8, 151, 152, 173-6, 180, 184, 200-3
행복의 분배 151-4
행복의 측정 128-35, 201-3
행위 공리주의 157-62
허치슨, 프랜시스 22
헉슬리, 올더스 11
헤어, R. M. 62-6, 91
홉스, 토머스 22
황금률 63, 66
효과적 이타주의 189-96
후커, 브래드 161
흄, 데이비드 23, 50